# WAT EEN CIRCUS!

INFORMATIEVE
BOEKEN
VAN QUERIDO

Bibi Dumon Tak

# WAT EEN CIRCUS!

Met tekeningen van

Jan Jutte

AMSTERDAM ANTWERPEN
EM. QUERIDO'S UITGEVERIJ B.V. 2002

Doris, zoveel dank dat je het circusgordijn
voor me hebt geopend.

Wil je meer weten?
Querido op internet: www.querido.nl

STICHTING NEDERLANDSE
**KINDERJURY**
2003

Vormgeving: Suzan Beijer

ISBN 90 451 0010 X
NUR 218

# Inhoud

# 1

# Het circus is rond

Het waren roerige tijden daar in het oude Rome van tweeduizend jaar geleden. Wie zich niet kon gedragen werd zo een kopje kleiner gemaakt. Er waren nogal wat regels waaraan iedereen zich moest houden. Als je naar het circus wilde mocht je bijvoorbeeld niet eens kiezen welke kleren je droeg. Je moest een toga om, ook al was het snikheet. De keizer was de baas en hij hield van macht en ook van bloed. Wie niet luisterde mocht op een dag zelf optreden in de grootste show op aarde, de show van Circus Maximus.

Keizer na keizer bouwde aan het circus. Ze wilden het allemaal nog mooier, nog hoger en vooral nog groter maken. Er moesten zoveel mogelijk zitplaatsen bij, want hoe meer mensen het circus konden bezoeken, hoe machtiger de keizer zich voelde. Op het laatst pasten er 250 000 toeschouwers in. Ze zaten bovenop elkaar op de harde stenen trappen, maar daar had de keizer geen last van. Die zat vooraan in de keizerlijke loge en gooide een witte vlag op de baan als het spektakel kon beginnen.

En een spektakel was het. Het ging er heel anders toe dan in het circus van nu. Circus Maximus lag in een vallei. Het was niet rond, maar langwerpig en zo groot dat er geen dak op paste. Zeshonderd meter van de ene kant naar de andere. Zodra de witte vlag van de keizer de grond had geraakt stoven de eerste wagenmenners naar binnen. Ze stuurden hun paardenspan naar het eind van de baan, maakten een bocht om de zuilen in het midden heen en vlogen via de andere zijde weer terug.

Zo ongeveer alles was toegestaan om winnaar te worden

van deze race. Elkaar klem rijden, de wagens van je tegenstanders laten kantelen, over de anderen heen galopperen. Het was al snel een chaos in de arena. Na de eerste ronde reden alle wagens in een wolk van stof. Er werden weddenschappen afgesloten, maar niemand kon goed zien wie er won en welke wagens er onderweg sneuvelden. Regelmatig vlogen er wielen door de lucht. De mensen genoten en ze vergaten hun warme toga's, de harde treden van de trap waarop ze zaten en ze hielden van hun keizer, meer dan ooit.

De show was gratis en iedereen ging kijken, want er gebeurde altijd wel iets bijzonders waar de hele stad over sprak. Zo waren er op een dag menners bij die vanaf de wagen zo op hun paarden klommen. Ze zetten op iedere rug een been en vlogen als goden over de lange baan. Die Romeinen waren acrobaten en de helden van het volk. Ze zaten achterstevoren op hun ros, ze sprongen erop en eraf en die paarden maar galopperen en het volk maar juichen.

En toch was het nog niet genoeg. Er was een keizer die nog meer bloed, zweet en tranen wilde zien. Een paar verpletterde wagenmenners en paarden waren voor hem niet genoeg. Hij bestelde dieren uit gebieden waar geen Romein ooit van had gehoord. En ze kwamen naar Rome toe, die dieren, uit alle windstreken. Ze werden losgelaten tussen de marmeren pilaren van Circus Maximus en een uitzinnige menigte keek toe hoe hongerige leeuwen giraffen en wilde ezels verscheurden. Zelfs olifanten traden op in dit machtige theater. Alleen hun slagtanden en hun botten bleven over want tegen een troep tijgers waren zelfs de sterkste dieren ter wereld niet opgewassen.

En nog, nog was er een keizer niet tevreden, want wat de vorige had bedacht moest de volgende overtreffen. Een stel wilde dieren dat elkaar opvrat ging uiteindelijk ook maar vervelen. Nee, nu had een keizer iets bedacht wat alle wreedheden overtrof. Hij zou mensen en roofdieren samen laten optreden in zijn circus. Het werd het mooiste schouwspel aller tijden en nooit eerder was het publiek zo krankzinnig van geluk. De keizer liet gevangenen vechten tegen de hongerige leeuwen. Soms kregen ze een wapen, soms moesten ze zich verdedigen met blote handen. Vanaf toen geurde het in de kelders niet alleen naar leeuwenmest, maar rook je ook het angstzweet van de gevangenen. Want hoe heldhaftig je ook was, de hoofdrol speelde je in het Circus Maximus meestal maar één keer.

Circus betekent cirkel. Sommige mensen zeggen dat het circus uit het oude Rome niets te maken heeft met het circus van nu. Een echt circus heeft namelijk een ronde piste en geen langwerpige zoals het Circus Maximus. Maar de paarden liepen er wel rondjes en er traden dieren op die we nu ook graag in het circus zien: tijgers, olifanten, paarden en leeuwen. Alleen de leeuwentemmer van tegenwoordig wijst met een zweep naar de leeuwen, terwijl de gladiatoren van toen probeerden er een zwaard in te steken. Ze wilden winnen, want anders won de leeuw. En precies dat is het grootste verschil: vroeger was het circus vooral een wedstrijd en nu is het een vertoning van kunsten.

Toch zijn er kunsten uit het Circus Maximus bekend die de wereld nu versteld zouden doen staan. Er waren leeuwen die konijntjes in hun bek konden houden zonder ze op te vreten. Ze waren gedresseerd om de mensen te vermaken, niet om te doden. Ze liepen een rondje door de arena met het konijn en leverden het ongedeerd weer bij de dresseur af en de mensen vonden het prachtig. Die Romeinen waren rare jongens: bloeddorstig en verschrikkelijk gevoelig, allebei tegelijk.

Vijfhonderd jaar na Christus had het Circus Maximus alles verloren, zijn glans, zijn roem, zijn marmer. Tussen de afgebrokkelde pilaren groeide onkruid en op de stenen trappen hoefden de torretjes en hagedissen niet meer op te

In het Circus Maximus vochten niet alleen dieren tegen dieren en mensen tegen dieren, maar er waren ook gladiatorengevechten: mannen tegen mannen. Als de verliezer op de grond lag, mocht het publiek oordelen. Duim omhoog betekende genade, maar vond men dat de winnaar zijn tegenstander mocht doodsteken dan hiel men de duim omlaag.

9

passen voor al die stampende voeten van het joelende publiek. Het duurde meer dan duizend jaar voor er weer zoiets als een ronde arena voor beesten werd gebouwd. In die tussentijd werden de belangrijkste beesten, de paarden, weer als vanouds ingezet voor de strijd in het veld: de oorlog. Een millennium lang denderden er paardenhoeven tussen het kanonvuur door zonder dat er een finish in zicht kwam. Hun manen wapperden dan weer in noordelijke, dan weer in zuidelijke richting. Er kwam geen einde aan.

Het was in het jaar 1760 dat Philip Astley op zijn strijdros Gibraltar door de heuvels joeg. De Britten waren in oorlog met de Fransen en de kogels vlogen iedereen weer eens om de oren. Terwijl zijn strijdmakkers gewond raakten, wist Philip heel behendig steeds te ontkomen. Iedereen zag hoe hij zich telkens weer door de vuurlinies heen boorde zonder zijn paard of zichzelf te bezeren. Hij redde op een keer zelfs een paard van de verdrinkingsdood. Bij terugkomst in Londen kreeg hij een onderscheiding en als dank voor zijn moed en liefde voor paarden mocht hij Gibraltar houden.

Van de oorlog had Philip genoeg, maar niet van paarden. Hij hield zo van rijden en dresseren dat hij er zijn beroep van wilde maken. Hij oefende zijn kunsten op een braakliggend terrein in Londen en toen hij goed genoeg was nodigde hij mensen uit om tegen betaling te komen kijken. Van het geld kocht hij een pony, een paard en daarna nog een paard. Intussen had hij ontdekt dat je makkelijker op een paard kon blijven staan als het rondjes liep. Galoppeerde het rechtdoor dan viel je er eerder af. Het best hield je je evenwicht als dat rondje dertien meter in doorsnee was. Groter leek te veel op rechtdoor en als het kleiner was viel het paard bijna om.

Wat een uitvinding! Nu kon hij om dat rondje stoelen neerzetten. Voor die tijd reed hij op en neer naar de andere kant van het veld. Daar was hij voor het publiek niet meer

Zeshonderd jaar geleden begon een pater in Oostenrijk met shows waarin gedresseerde vlooien de hoofdrol speelden. Niet veel later werd hij wegens hekserij op de brandstapel gezet, maar het vlooiencircus bleef populair. Dit wilden de mensen vaker zien! Tegenwoordig is er een vlooiengebrek, want mensenvlooien zijn er niet meer zoveel, en honden- en kattenvlooien schijnen niet intelligent genoeg te zijn.

dan een stipje als hij ondersteboven op de rug van Gibraltar stond. Nu kon iedereen hem goed zien. Hij bouwde toen een amfitheatertje van hout: een rond theater in de open lucht. Amfi-Philip werd hij vanaf die dag genoemd. En omdat het in Engeland vaak regende maakte hij een dak boven de tribune. Bij slecht weer werd hij zelf nat, maar bleef het publiek droog.

Nu was Gibraltar heel wat gewend op de drassige gronden overzee, maar rondjes galopperen in een glibberige piste met een springende ruiter op z'n rug was soms toch te veel van het goede. Hij gleed regelmatig uit en daar lag Amfi-Philip in zijn militaire pak voor de zoveelste keer naast zijn paard. 'Het moet maar eens uit zijn met dat gemodder,' zei hij op een dag en gooide zaagsel op de grond. En daar was de circuspiste geboren: dertien meter in het rond en gevuld met zand en zaagsel.

Intussen was Amfi-Philip getrouwd met een dappere dame die leerde op één been in evenwicht te blijven op een paardenrug. Heel Londen kwam naar haar kijken. De mensen betaalden maar al te graag voor een toegangskaartje. Het geld stroomde binnen. Hij bouwde er een prachtig circustheater van en liet er voor de afwisseling ook acrobaten optreden en clowns. Op de kermissen en markten liepen genoeg artiesten rond en Amfi-Philip koos alleen de beste uit. En zo was het circus bijna compleet: paarden, acrobaten en clowns. Alleen op de roofdieren moesten de mensen nog honderd jaar wachten.

Er zijn sindsdien heel wat circussen opgericht en ook weer ten onder gegaan. Regelmatig brak er brand uit. Er was nog geen elektriciteit en de piste werd verlicht door olie- en gaslampen. De sfeer was prachtig maar de fik sloeg gemakkelijk in al dat hout en zaagsel. Bij Amfi-Philip vraten de vlammen tot drie keer toe zijn theater op.

Maar niet alleen brand, ook ongelukken en oorlogen zorgden ervoor dat het circusgordijn voorgoed gesloten bleef. Er was ooit een circusdirecteur die geen geld vroeg voor een toegangskaartje, maar een zakje haver of een brood voor zijn hongerige dieren. En toen dat ook niet lukte moesten de olifanten en de paarden het leger in om hun kostje te verdienen met kanonnen slepen en wagens trekken.

Toen ruim een eeuw geleden de leeuwen en tijgers terug waren in de arena was het circus pas echt compleet. De eerste leeuwen werden nog achter tralies gehouden. Het publiek kon ze bezichtigen en dat was alles. Soms ging er iemand gewapend met een staaf de kooi binnen en daagde de leeuwen uit. Het echte dresseren van roofdieren kwam later en de man die ermee begon deed dat uit liefde voor een meisje.

Henri Martin was zijn naam. Hij kwam uit Frankrijk en trok met zijn eenvoudige circus door Duitsland. Regelmatig nam hij een kijkje bij het prachtige circus van de familie Van Aken dat bij hem in de buurt stond. Algauw werd hij hopeloos verliefd op de mooie dochter van de circusdirecteur. De dochter werd ook verliefd op Henri en op een dag vroeg hij de vader om de hand van zijn dochter. De directeur was beledigd. Wat een brutaliteit. Zo'n simpele paardenjongen die zijn dochter wilde trouwen. Voor zijn dochter wilde hij een flinke en rijke circusartiest die met gemak een groot gezin kon onderhouden.

Henri zag de dochter niet meer, maar uit zijn gedachten was ze nooit. Op een avond sloop hij naar de stallen van de familie Van Aken en vroeg de stalknecht de kooi te openen waar de koningstijger in opgesloten zat. Het duurde een hele tijd voor de stalknecht eindelijk de sleutels pakte. Dit was Henri's kans om de directeur te overtuigen. Hij was dan misschien niet rijk, maar wel flink. En als het mislukte stierf hij liever als held in een tijgerkooi dan verder te moeten leven zonder de liefde van zijn dromen. Henri bleef die eerste

Sommige circussen stelden niet alleen exotische dieren tentoon, maar ook bijzondere mensen. Reusachtige kinderen, lilliputters, vrouwen met baarden, meisjes met vier benen, Siamese tweelingen, albino's, jongens met olifantsbenen en mannen met haar over hun hele gezicht zoals de beroemde poedelman Jojo.

Chang en Eng werden als Siamese tweeling geboren in 1811 in Thailand. Hun namen betekenen links en rechts. Ze zaten met hun buiken aan elkaar vast en konden niet los van elkaar leven. Ze werden in Amerika rijk doordat mensen geld betaalden om naar ze te mogen kijken. Ze trouwden met twee zusjes en kregen tweeëntwintig kinderen. Ze stierven op de leeftijd van drieënzestig jaar.

12

keer niet langer dan een seconde in de kooi. De tijger grauwde, maar deed niets. De volgende avond was Henri er weer. Niet met een ijzeren staaf, maar met een stukje vlees. Na verloop van tijd sloot hij vriendschap met de tijger. Nu moest hij alleen de directeur nog temmen.

De stalknecht ging hem op een goede dag halen. De directeur was woedend toen hij Henri in zijn stallen trof. De mooie dochter werd wit van schrik toen ze zag dat de stalknecht langzaam de tijgerkooi opende en Henri doodkalm naar binnen liep. Zoiets had de directeur nog nooit gezien. Henri gaf de tijger een aai over zijn kop, keek de directeur aan en vroeg tussen de tralies door nogmaals om de hand van zijn dochter.

Het werd een groot feest. Henri Martin werd rijk en verschrikkelijk beroemd. Van zijn leeuwen en tijgers hield hij bijna net zoveel als van zijn vrouw. Toen hij oud was verhuisde hij naar Rotterdam en begon er een dierentuin. Toen hij nog ouder was ging hij rozen kweken in Overschie.

Na hem ontdekten nog veel meer mensen dat roofdieren leuker waren als je een stukje vlees voor hun neus hield dan wanneer je met een ijzeren staaf op ze af ging. Vanaf die tijd was niet alleen de piste maar ook het circusprogramma rond: paarden, acrobaten, roofdieren en clowns. Daar draait het ook nu nog om. Het is iets minder gruwelen, maar wel maximaal genieten.

Circussen kun je vinden op ieder continent, en overal heeft het zijn eigen sfeer. In Japan is het publiek tijdens de voorstelling doodstil, je kunt het zaagsel er soms horen knisperen. In Amerika zijn de mensen heel luidruchtig. Ze fluiten, gillen en klappen de hele tijd. In de grote circussen zijn daar bovendien drie pistes naast elkaar. Je komt er ogen te kort.

# 2

# Dansende hoeven

Paarden lopen al bijna 250 jaar mee in het moderne circus. Ze zijn er het langst van allemaal. Langer dan de olifanten, de tijgers, de leeuwen, de beren en wat al niet meer. En nog gaan ze niet vervelen. We krijgen maar geen genoeg van die draaiende konten, die walsende lijven en die dansende hoeven. Zodra ze binnenkomen is de piste gevuld met hun geur. Dat is voor veel mensen het mooiste moment van de voorstelling. Zonder paarden, zeggen ze, is het circus niet compleet.

Er zijn boeken vol geschreven over circuspaarden. Het ene paard was nog beroemder dan het andere. Soms kom je die verhalen wel drie keer tegen en elke keer is het nog mooier. Hier komt een verhaal dat nooit eerder is opgeschreven. Het gaat over een circusdirecteur en zijn paard. Een paard dat nooit beroemd werd.

Die circusdirecteur zag op een dag langs de kant van de weg een slonzig paardje voor een wagen staan. Ze keken elkaar aan en de directeur wist meteen: wij worden goede vrienden.

'Het is een lastpak hoor,' zei de melkboer van wie het paardje was. 'Geef me maar een paar tientjes, dan mag je het zo meenemen.'

Terug in het circus gaf de directeur het eerst eens goed te eten en maakte in de stal een flink bed van stro klaar. De volgende ochtend riep hij iedereen bij elkaar en zei: 'Kijk eens wat ik gisteren langs de kant van de weg op de kop heb getikt?'

'Een schillenhit,' zei de stalknecht nog.

Toen liet de directeur het paardje los in de piste. 'We zullen zien,' zei hij.

Hij knalde met de zweep en hup daar draaide het ineens een pirouette. Het galoppeerde, draafde en keerde even later als een volleerd circuspaard in het rond. Van verbazing liet de directeur zijn zweep vallen en deed niets meer. En het paardje liep en liep en liep.

Tien minuten later zat de directeur al in de auto en ging op zoek naar de melkboer.

'Hé jij! dat paard van jou,' riep de directeur al van ver toen hij de melkboer zag.

'Ik zei toch al dat het niet deugde, ik heb het van de kolenboer en je krijgt je geld niet terug want ik heb je gewaarschuwd.'

Na een dag zoeken vond de directeur de kolenboer:

'Hé, dat paard dat je aan de melkboer hebt verkocht.'

'Die knol bedoel je? Die wou niet trekken, hij wilde alleen maar op zijn achterbenen staan en rondjes draaien.'

En de kolenboer vertelde dat er vorig jaar bij hem in de stad een circus was gestrand dat alle dieren moest verkopen om de schulden te kunnen betalen. 'Nooit meer een circuspaard voor mijn wagen,' zei de kolenboer tegen de directeur toen ze afscheid namen.

Toen het paardje dertig werd trad het nog steeds in het circus op. Soms dacht de directeur wel eens: nu wordt het echt te oud. Maar zodra de muziek klonk die bij zijn nummer hoorde, tilde het paardje zijn grijs geworden hoofd op en stapte fier de piste in.

Tweeënhalf, drie jaar, dat is de beste leeftijd om met dresseren te beginnen, vertelt Marco Althoff. En hij weet er alles van, zijn grootvader, zijn vader, iedereen in zijn familie hield zich met beesten bezig. En nog steeds. Zijn broer heeft zes zwartbonte koeien in de piste lopen en Marco doet ook vrijheidsdressuur maar dan met zes zwarte Friese hengsten.

Een goede knal krijg je niet zomaar. Je moet er lang voor oefenen. Het is de bedoeling dat het leer van de zweep sneller gaat dan het geluid. Op het moment dat het uiteinde de geluidsbarrière doorbreekt, lijkt het net of er iemand een rotje afsteekt.

Wat Marco in de piste presteert met paarden, doet zijn broer met koeien: ze walsen, knielen en maken pirouettes. Koeien knielen zelfs makkelijker dan paarden omdat ze van nature eerst door hun voorpoten zakken als ze gaan liggen. Paarden zakken eerst door de achterbenen als ze gaan liggen en daarom is knielen voor hen moeilijk te leren.

Begin je eerder met dresseren dan gaat het een stuk langzamer omdat de paarden nog te kinderlijk zijn. Ze spelen liever dan dat ze luisteren. Paarden koop je op het uiterlijk, of ze geschikt zijn voor het circus weet je niet van tevoren, daar kom je pas achter als je met trainen begint. Bij het kopen kijk je of ze even hoog zijn en of ze mooi bij elkaar passen, want ze moeten later wel samen optreden en dan moet het geen ratjetoe zijn. Maar of ze ook een goed karakter hebben en graag leren, dat moet je maar afwachten.

Als je zo'n stel jonge paarden hebt gekocht moet je ze alles nog bijbrengen. Ze hebben nog nooit een piste gezien, en een rondje hebben ze ook nog nooit gelopen. Daarmee moet je dus beginnen, met rondjes lopen in de piste. Marco neemt een paard aan de hand en gaat er eindeloos mee stappen, rond en rond, linksom, rechtsom, braaf. Daarna neemt hij het volgende paard en doet precies hetzelfde. Het is een tijdrovend karwei, maar het moet, paard voor paard.

Daarna moeten de paarden eraan wennen dat er iemand op hen gaat zitten. Ze moeten op commando leren stappen, draven en galopperen. Als ze dat kunnen mogen ze aan de longe (dat spreek je uit als: lonzje), een lang touw. Marco staat in het midden van de piste en het paard loopt aan dat lange touw rondjes om hem heen. Als ze netjes gehoorzamen aan de longe mogen ze het los proberen. Het ene paard leert het allemaal wat sneller dan het andere, maar in een paar maanden kom je een heel eind.

Het is een spannend moment wanneer alle hengsten voor het eerst samen in de piste mogen. Ze kennen elkaar natuurlijk al wel uit de stal, maar zo los zonder tralies ertussen geeft een hoop vertier. Je moet ze goed in de gaten houden, want het zijn wel hengsten. Voor je het weet breken ze de tent af. Het wordt al snel duidelijk wie de sterkste van het stel is. Die loopt voorop en het sulletje loopt achteraan. Zo gaat dat met alle kuddedieren, dus ook met circuspaarden. Het publiek ziet geen verschil. Het publiek ziet zes

Met paarden kun je drie soorten kunsten laten zien: vrijheidsdressuur, hoge school en voltige. Marco laat zijn paarden los in de piste lopen, dat is vrijheidsdressuur. Hoge school is als er iemand op zit die zijn paard kunsten laat doen. Een hogeschoolpaard kan dansend draven, stappen op de plaats en huppelen in galop.
Voltige betekent acrobatiek op het paard.

schitterende Friese hengsten. Maar als ze heel wild de piste in stormen dan hoeft Marco alleen het eerste paard rustig te houden en dan volgt de rest vanzelf.

Als het voorste paard ziek wordt moet nummer twee voorop, maar dat is niet de leider en dus wordt het meteen een zootje in de piste. Alle paarden zijn de kluts kwijt, voor- al het tweede paard, want dat heeft opeens geen staart meer voor zijn neus. Marco moet er tijdens de voorstelling het beste van zien te maken, want de show gaat door, iedere dag opnieuw. Valt er een paard uit in het midden dan schuift de rest gewoon een plaatsje op. Niets aan de hand.

Na een jaar trainen kunnen de paarden al het een en an- der aan kunsten laten zien. Op commando linksom en rechtsom en pirouettes en halt houden. Sommige paarden kunnen zelfs al knielen. En in de jaren erna moet de dres- seur verder blijven oefenen. Iedere keer een trucje erbij tot je een perfect stel circuspaarden hebt. Maar je moet de ou- de oefeningen ook blijven repeteren, want het zijn natuur- lijk geen olifanten. Als je een olifant een keer iets hebt aan- geleerd hoef je het daarna niet meer te oefenen. Het duurt iets langer voor ze begrijpen wat je bedoelt, maar dan zit het voor de rest van hun leven in hun kop.

Vroeger kwamen de mees- te paardendresseurs uit Duitsland en daarom wor- den nog steeds de meeste commando's in het Duits gegeven. Als je naar Ame- rika gaat hoor je dezelfde woorden als in Nederland en België. Heel handig. Als iemand zijn paarden wil verkopen kan een an- der er zo mee aan de slag.

Je kunt dieren alleen dingen leren die ze in de natuur ook doen. Een paard zie je in de wei niet op zijn kop staan of op een been, dus ga je dat in het circus ook niet van ze vragen. Maar knielen kunnen ze wel, en op twee achterbenen staan, en hun halzen over elkaar heen leggen. Die dingen kun je ze leren op commando te doen. Als een paard het na een jaar nog niet doet, plak je er rustig nog een jaar aan vast. Met geduld kom je een heel eind. 'Als je maar nooit slaat,' zegt Marco. 'Maak je een dier bang, dan lukt het helemaal niet meer. Met geweld bereik je niks, met suikerklontjes wel.'

Elk dier probeert uit te vinden wie de baas is: hij of de

dresseur. Meestal is het de dresseur, maar van een pony win
je het bijna nooit. Pony's kunnen heel wat kunsten leren,
maar meestal vertikken ze het gewoon. Marco's vader zei
tegen hem dat hij eerst maar eens met pony's moest gaan
werken als hij ook dresseur wilde worden. Als dat zou luk-
ken, kon hij met alle dieren werken.

'Eigenwijze krengen zijn het,' zegt Marco. 'Ze doen altijd
wat ze willen. Ze zijn het moeilijkst te dresseren van allemaal.' Hij heeft een nummer waarbij een mini-shetlander
rondjes draait onder de buik door van een Friese hengst.
'Groot en klein' noemen ze zo'n onderdeel officieel in het
circus. Die hengst staat heel braaf met zijn voorhoeven op
de pisterand terwijl die dreumes eronderdoor moet lopen.
Wat dat beest niet allemaal bedenkt om het niet te hoeven
doen. Hij is al vijfentwintig jaar oud, kent het circus vanbinnen en vanbuiten en nog, nóg probeert dat onderkruipsel
van Marco te winnen.

Wanneer het al te erg wordt gaat Marco maar weer extra
repeteren, net zo lang tot het goed gaat. Twintig keer, dertig
keer onder die buik door. Soms bootst Marco wel eens een
voorstelling na als hij met de pony repeteert. Muziek, licht
en mensen op de eerste rij. Maar dan is er daarna toch altijd
weer een volgende dag met een echte voorstelling en een
nieuwe winnaar en verliezer.

Maar niet alleen pony's, ook de paarden moet je goed in de
gaten houden. Het gebeurt wel eens dat er eentje loopt te
slapen tijdens de voorstelling en om ervoor te zorgen dat er
zes paarden tegelijk een pirouette draaien in plaats van vijf,
noemt Marco altijd even de naam van het sukkelende
paard en zegt daarna meteen 'pirouette!' zodat ze alle zes
tegelijkertijd reageren. Als een paard echt niet oplet en zelfs
het noemen van zijn naam niet helpt, moet Marco hem op
zijn donder geven zonder dat het publiek het ziet. Hij praat
bijvoorbeeld tegen het eerste paard zodat de mensen naar

Ze noemen de zweep ook
wel het dirigeerstokje van
het circus. Je geeft er aan-
wijzingen mee. Het is niet
de bedoeling dat je de dieren er steeds mee slaat.
Met de knal vraagt de
dresseur bijvoorbeeld
aandacht: let op, er gaat
wat gebeuren!

19

Marco kijken en naar het eerste paard. Intussen geeft hij het vierde paard een tikje met de zweep: luisteren jij, betekent dat.

In het circus gebruiken ze liever hengsten dan merries. Merries zijn makker en rustiger dan de mannetjes en daardoor ook wat minder vurig. Maar juist dat vuur willen de mensen zien. Het is niet de bedoeling dat het een tamme vertoning wordt. De manen en staarten moeten zwaaien daar in het circus. Het moet briesen en bruisen.

Het hangt van het paardenras af hoe erg het er briest en bruist. Marco is een echte Friezengek. 'Je moet paarden nemen die bij je passen,' zegt hij. Friezen zijn een beetje lomp, redelijk rustig, maar groot, indrukwekkend en gitzwart. Ze zullen uit zichzelf nooit op hun achterbenen gaan staan, daar zijn ze niet op gebouwd. Ze blijven bij hem dan ook altijd met vier benen op de grond. Als je temperament wil zien moet je Arabische hengsten nemen. Die lopen zo op hun achterbenen de piste uit. Je hoeft alleen maar te wijzen met je zweep en daar gaan ze al. Als je even niet oplet vliegen ze elkaar als een stel wilde tijgers aan. 'Mij niet gezien,' zegt Marco.

Het was Marco's vader die langgeleden dat circuspaardje van de melkboer kocht. Zo'n verhaal zul je nu niet snel meer horen, want paardjes zijn niet meer te koop langs de kant van de weg. De melkboer rijdt in een auto en de kolenboer bestaat niet meer. Maar zo lang er circus is zullen er paarden optreden. Zij zorgden er ooit voor dat de piste rond werd, dat er zand en zaagsel in kwam, dat de doorsnee dertien meter werd. Zonder paarden is het circus het circus niet meer. Een tijgerkooi kan vierkant zijn en voor een jongleur mag er ook wel beton op de vloer.

'Ik heb een mooi beroep,' zegt Marco tenslotte. Hij trekt zijn laarzen aan en loopt naar de stal op het circusterrein. Vandaag moet hij nodig de pony weer eens onder handen nemen. Hij draait de laatste tijd te veel rondjes linksom, nog even en hij weet niet meer dat rechtsom ook bestaat. En Marco heeft gelijk: hij is niet klein te krijgen, dat onderdeurtje. Je ziet het al aan de blik in zijn ogen zodra hij de stal uit komt.

Toch maar verkopen langs de kant van de weg? Dat nooit. 'Dieren,' zegt Marco, 'worden nergens zo oud als in het circus.' En de blik van de pony vertelt meteen dat hij inderdaad van plan is nog heel lang door te gaan, met pesten, met niet luisteren, met precies de verkeerde dingen doen.

Als circuspaarden te oud zijn om op te treden gaan ze nooit naar het slachthuis. Ze krijgen in het circus hun 'genadebrood'. Dat betekent dat ze hun oude dag in het circus mogen slijten. Er was zelfs een dresseur die zei: 'Dit paard heeft tien jaar voor mij gewerkt. Ik ben blij dat ik nu tien jaar voor hem mag werken.'

# 3
# Latsjedieves

Voortaan staan de sterren stil. Hoe vaak Doris ook naar buiten kijkt. De maan reist niet meer met haar mee en de bomen flitsen niet links en rechts aan haar woonwagen voorbij. Haar uitzicht staat vast. Het slaapkamerraam heeft de boom in de achtertuin voor altijd in een lijstje gezet.

Doris heeft circusbloed, net zo als haar ouders en grootouders. Al meer dan honderd jaar reist haar familie door Europa met een stoet wagens achter zich aan. En onderweg komen ze elkaar tegen, kleine families, grote, beroemd, berucht of bescheiden. Als de zonen en dochters elkaar mogen, dan trouwen ze, want circusbloed zoekt circusbloed. Of je Deens bent of Duits maakt niet uit, kom je uit Circusland dan zit het goed. Als het boeltje maar blijft rollen. Zelden zegt er iemand: 'Stop, ik stap eruit. Ik schroef de wielen van de wagen en ik blijf staan waar ik sta.'

Vroeger waren er vaste circusgebouwen. De mensen moesten dus van heinde en verre naar het circus toe. Halverwege de negentiende eeuw zijn er reizende circussen ontstaan, zodat alle mensen uit het hele land de voorstelling konden zien zonder ver te hoeven reizen.

De moeder van Doris zat achter de kassa toen het begon, het bonken in haar buik. Doris wilde eruit. Er stond nog een hele rij mensen te wachten die een kaartje wilden kopen. De voorstelling begon al over een half uur. De vader van Doris liep zenuwachtig heen en weer tussen de kassa en de piste. Hij was de directeur van het circus en niets mocht het programma in de war brengen.

Toen uiteindelijk het laatste applaus klonk en de lichten waren gedoofd lag Doris al in de armen van haar moeder. De directeur snelde naar zijn kantoortje. Daar was niemand te zien, behalve de oude papegaai die zijn hele leven maar twee woorden had geleerd: 'Telegram, hallo, telegram.'

'Ja, ja, telegram, dom beest, dat weet ik nu zo langzamerhand wel. Waar is iedereen,' riep de directeur. Op zijn bureau lag een witte enveloppe, een telegram uit het ziekenhuis: *Gefeliciteerd, u heeft een dochter.*

Doris sliep samen met haar broer bovenin het stapelbed. Onderin lagen haar vader en moeder. Als het koud was wikkelde haar vader een warme baksteen in een krant en legde die bij hen in bed. Ze stonden om zes uur op, net als iedereen. En binnen de kortste keren gonsde het in alle woonwagens, die dicht op elkaar stonden geparkeerd.

Eerst moest Doris de beesten verzorgen, de hond uitlaten, pony's borstelen en de bedden opmaken. 'Heb je je ontbijt al verdiend?' Dat zei haar vader iedere ochtend. Pas als ze genoeg had gedaan mocht ze van hem aan tafel

Om acht uur gingen alle circuskinderen naar school, iedere drie of vier dagen naar een andere, want het circus speelde nooit langer op dezelfde plek. Doris hield van school. Overal waren ze welkom, de kinderen uit het circusdorp. De meesters en de juffen, de klasgenootjes, iedereen was nieuwsgierig en Doris vertelde graag. Dat doet ze nog steeds. Het liefst vertelt ze zes verhalen door elkaar.

Zodra ze ergens arriveerden trok Doris er met een groepje circuskinderen op uit. 'Hup, hup,' zei haar vader, 'ga maar op zoek naar een school.' En nog voor de tent overeind stond klopte Doris op de deur van het dichtstbijzijnde schoolgebouw. 'Goedemorgen,' begon ze altijd. 'Wij zijn circuskinderen en we verblijven in uw dorp. We willen graag onderwijs volgen.' En daar vlogen direct alle deuren van de klaslokalen open. 'Circuskinderen? Op onze school? Hier met die kinderen,' leken alle meesters en juffen te roepen en het liefst sleurden ze Doris en de rest zo hun klaslokalen binnen. Maar dat gebeurde zomaar niet. Nee, Doris was niet gek. Als het even kon vroeg ze voor schooltijd aan de kinderen op het plein al wie er de leukste juf of meester had. Dus tegen de tijd dat het hoofd van de

Samen met de andere kinderen uit het circus speelde Doris na schooltijd meestal circusje. Ze gapten ergens een stukje zeildoek en maakten er een tentje van. Daarna gingen ze op zoek naar meikevers, kikkers en slakken. Die zetten ze in de minipiste en de show kon beginnen.

school aan Doris vroeg hoe oud ze was zei ze negen, of acht, of tien. Dat hing ervan af bij wie ze in de klas wilde komen. Haar ouders wisten nergens van. Die hadden het veel te druk met de dieren en het opbouwen van de tent.

Als er bij de school een weitje was of een boom, dan ging Doris op haar paard naar school. Ze had het leren tellen, twee en drie is vijf. Tijdens de rekenles zei Doris vaak: 'O, dat kan mijn paard veel beter.'

'Je paard?' vroeg de juf.

'Ja, mijn paard, dat buiten aan de boom gebonden staat.'

Dan ging de hele klas naar buiten. Stel je voor, een paard dat kon rekenen.

'Laat maar eens zien dan,' zei de juf. 'Veertien gedeeld door twee.'

Doris ging naast haar paard staan en vroeg: 'Hoeveel is veertien gedeeld door twee?' En op hetzelfde moment deed ze een klein stapje naar achteren. Direct begon het paard met zijn voorbeen over de grond te schrapen. Alle kinderen telden mee: een, twee, drie. Bij zeven deed Doris weer een onmerkbaar stapje naar voren en het paard hield direct op.

'Hoera!' riep de juf en alle kinderen klapten.

Na schooltijd moest Doris eerst haar huiswerk maken, de woonwagen opruimen en alle schoenen poetsen. Pas daarna mocht ze naar de stallen. Tijdens iedere voorstelling zat ze in de tent. Ze kende alle nummers uit haar hoofd, ze had ze wel honderd keer gezien, maar nooit kreeg ze er genoeg van. Soms deed ze mee met de acrobaten. Dan werd ze naar boven getild. Allerlei handen gaven haar door, tot ze hoog, hoog op iemands schouders stond. Het publiek klapte en Doris gooide haar armen als een danseres opzij.

Het leek wel één grote familie. Ze trokken met honderd mensen door het land. Het circus was hun dorp op wielen. Ze hadden hun eigen regels en hun eigen taaltje. Hun woonwagen noemden ze 'woedie' en bij het afscheid riepen

Op een dag stond het circus van de familie van Doris vlakbij een weeshuis. Doris vond de kinderen zo zielig dat ze hen allemaal uitnodigde voor een gratis voorstelling. De vader van Doris was eerst heel boos, maar wat je belooft moet je doen, zei hij. Zijn boosheid verdween nadat hij zag hoe gelukkig hij de kinderen had gemaakt. En het gelukkigst van iedereen was Doris zelf.

ze elkaar 'latsjedieves' toe: het ga je goed en laat de zon altijd schijnen. Op zondag was er groot ontbijt. Dan klapten de artiesten een stoeltje uit voor de deur van de woonwagen en dekten de tafel uitgebreid. De een had worst uit Duitsland, de ander kaas uit Parijs: 'Hé, wie wil er ruilen! Hollandse hopjesvla tegen een Brusselse wafel!' Zo gingen de gerechten van hand tot hand. Want iedereen reisde naar alle uithoeken van Europa en bracht heerlijke dingen mee.

Tegen de winter werd de circustent opgeborgen en de dieren gingen naar een vaste stal. Daar kregen ze rust en er was tijd om ze nieuwe kunsten te leren. Doris moest ieder jaar weer een soort examen doen. De leraren van haar vaste school wilden namelijk weten of ze in al die maanden op al die scholen wel genoeg had geleerd. Ze bekeken haar schoolboeken en de schriften die ze van hen had meegekregen. Ze lazen de aantekeningen van honderd juffen en meesters: *Een beetje brutaal, maar wel slim.*

En zo werd Doris uiteindelijk zelf circusdirecteur. Ze trad op met haar ganzen Kwik, Kwek en Kwak. Ze konden rondjes draaien, achtjes lopen en met hun snavel een hekje openen en weer sluiten. Een Japanse circusdirecteur wist niet wat hij zag toen hij op een dag te gast was in het circus van Doris. De leeuwen en olifanten vond hij prachtig maar die kende hij zo langzamerhand wel. Maar dit, drie waggelende ganzen. Heel Japan zou op zijn kop staan. Twee maanden later ontving Doris een brief. Op de enveloppe stond: *Aan: Doris, Kwik, Kwek en Kwak, Circus, Holland.* Doris was de Japanse circusdirecteur helemaal vergeten tot ze las: *Hooggeachte mevrouw, Wij waren zeer onder de indruk van u en uw ganzen.*

*Wij hebben de eer u uit te nodigen voor een tournee met ons circus door Japan.*

Doris ging niet, want ze bleef liever bij haar eigen circus, tot de dag dat ze verliefd werd op een man zonder circus-

Er zijn circuswoorden die in alle circussen in Europa worden gebruikt. In de tijd van Doris en nu nog steeds:
probe – repetitie
einlasz – binnenkomen
   van het publiek
chapiteau – circustent
kutscher – dierenverzorger
trick – een kunst.

bloed. 'Het kan niet waar zijn,' zei iedereen. En toch gebeurde het. 'Latsjedieves,' zei Doris tegen haar familie en vrienden. 'Het ga jullie goed en laat de zon altijd schijnen. Ik zaag de wielen van mijn huis en ik blijf staan waar ik sta.'

Ze kan het nog steeds niet geloven dat ze dat ooit heeft gedaan. Ze zegt: 'Als je één paar schoenen in het circus hebt versleten dan hoor je erbij. Ik heb nu al vijfentwintig paar schoenen versleten in mijn eigen huis en nog steeds ben ik hier niet echt thuis.'

Doris mist het reizen door het donker naar een onbekende plek. Vaak staat ze middenin de nacht op. Dan staart ze naar buiten, niets beweegt. Ze kijkt omhoog naar de nok van de hemel. Geen ster die aan de trapeze slingert, geen koorddanser op een draad. En toch, en toch droomt Doris iedere nacht weer van applaus, van wielen die rollen, van een hemel vol schitterende sterren. 'Het is mijn circusbloed,' zegt ze 'en ik raak het nooit meer kwijt.'

# 4
# Lefgozers en -grieten

Komt een man in het café. Hij maakt een salto voorwaarts en een flikflak achterwaarts en eindigt precies op de barkruk. 'Goedenavond,' zegt de ober. 'Bent u goochelaar of zo?' 'Nee hoor,' zegt de man. 'Ik werk bij het circus. Ik ben acrobaat. Doe mij trouwens maar een biertje.' Even later komt er nog een man binnen. Hij maakt een dubbele salto, een radslag, drie flikflaks en belandt op zijn buik op de bar. 'Ook van het circus?' zegt de ober terwijl hij een biertje tapt. 'Nou, nee, hoe komt u erbij, maar ik wil wel even zeggen dat de deurmat los ligt.'

Je moet alles onder controle hebben als acrobaat. Van je tenen tot je kruin en vooral wat er onder die kruin zit. Dat moet flink in orde zijn. Als je hersens het even laten afweten eindigt je salto in het publiek in plaats van binnen de pisterand. Het is een riskant beroep. Geluk en ongeluk hangen aan dezelfde trapeze. Je bent een held zolang je niet struikelt, maar o wee als je lichaam niet meedoet. Dan lig je net zo makkelijk meer dood dan levend in het zaagsel. Een voetballer wordt dan onder luid gejuich van het veld gedragen op een brancard. Iedereen weet toch wel dat hij vijf minuten later weer klaar is om te scoren. Maar een acrobaat vliegt niet na een oplapbeurtje weer fit door de lucht. En bovendien voelt hij zich na een val lange tijd geen held meer.

Acrobaten zijn er al duizenden jaren. Op oude Griekse muurschilderingen en vazen zie je hoe jongens en meisjes zich de lucht in laten slingeren. Niet door op een trampoline te springen, want die waren er toen nog niet, maar door zich vast te grijpen aan de horens van een stier die op hen af kwam stormen. Ze stonden in de arena, lokten dat woeste beest naar zich toe en op het moment dat hij hen op de horens wilde nemen pakten ze zich vast aan die spiesen en in de vaart waarmee de stier ze omhoog zwiepte maakten ze salto's en duikvluchten over zijn rug heen. De stier draaide zich om en daar stond de volgende acrobaat al klaar om de lucht in gesmeten te worden. Het was heel gevaarlijk allemaal, heel stoutmoedig, heel adembenemend.

Misschien werden er voor die tijd nog veel meer acrobatische stunts uitgehaald. We weten niet wat de mensen tienduizend, vijftigduizend jaar geleden allemaal uitspookten. Dat staat nergens afgebeeld. Maar je kunt er wel van uitgaan dat er al sinds mensenheugenis flink gesprongen en gedoken werd. De acrobatiek, de kunsten met het lichaam, zit er dus al een tijdje in en we verzinnen steeds weer wat nieuws om het spannend te houden. Maar de basis blijft hetzelfde: slingeren, springen, duikelen, balanceren, en dat alles met veel gratie en durf.

Wie aan acrobaten in het circus denkt noemt meestal als eerste de trapeze. Misschien omdat de kunsten die daar hoog in de nok worden vertoond je kippenvel bezorgen. Je hebt de vliegende en de vaste trapeze. Op de vaste trapeze blijft de acrobaat zitten terwijl hij zwaaiend en draaiend zijn kunsten laat zien, en op de vliegende zweeft hij van de ene naar de andere trapeze.

De allerberoemdste trapezeartiest was Léotard. Hij vond boven het zwembad van zijn vader de trapeze uit. Hij slingerde als een soort Tarzan van het ene touw naar het andere en op een dag maakte hij van die touwen trapezes door er een stok tussen te knopen. Dat maakte het slingeren makkelijker. Zijn vader was gymnastiekleraar en wilde eigenlijk dat zijn zoon advocaat werd, maar Léotard was tegelijk zijn beste leerling. Dus hielp hij hem bij het ontwikkelen van

Léotard, de uitvinder van de trapeze, was ook de uitvinder van het strakke acrobatenpak. Tot die tijd traden acrobaten op in wollen pakken die niet erg elegant waren. En bovendien duurde het een eeuwigheid voor ze na een wasbeurt weer droog waren. In het Engels heet een strak balletpakje nog steeds een leotard.

30

zijn uitvinding. Na lang oefenen kon Léotard een salto maken als hij van de ene trapeze naar de andere zweefde. Zijn vangnet was het water. En tegen de tijd dat zijn zwembroek dag aan dag droog bleef was het tijd voor een voorstelling. Hij werd uitgenodigd in het grote circus van Parijs, Cirque Napoléon, het was in het jaar 1859. Léotard werd een rage. Als hij nu had geleefd kon je overal Léotard-games kopen of Léotard-T-shirts, maar in die tijd gaven de Parijzenaars elkaar Léotard-scheerzeep en –wandelstokken cadeau. En bij de koffie bestelde je Léotard-taart. Zijn grote en dodelijke val waarop iedereen zat te wachten kwam nooit. Hij overleed aan de pokken toen hij op tournee was door Spanje. In alle grote circussen in Europa had het publiek hem twaalf jaar lang kunnen bewonderen. Daarna kwamen er anderen. Trapezisten die veel meer konden dan Léotard: driedubbele salto's en geblinddoekt van de cne trapeze naar de andere zweven. Maar Léotards naam blijft intussen hoog aan de circussterrenhemel staan. In het jaar van zijn dood vond men het vangnet uit.

Acrobaten moeten lenig zijn, sterk zijn en een goed gevoel voor evenwicht hebben. De draadloper hoeft misschien iets minder spierballen te hebben dan de acrobaat die drie mannen op zijn schouder draagt, en het slangenmeisje is leniger dan de voetenjongleur, maar allemaal moeten ze goed getraind zijn en zo ongeveer alles met hun lichaam kunnen doen.

Er is nog iets wat alle acrobaten nodig hebben en dat is lef. Die Léotard waagde iedere avond weer zijn leven. Ergens lag daar beneden wel een mat, maar daar kun je evengoed je nek op breken, en ook het vangnet van nu geeft niet alle veiligheid. Sommige acrobaten werken tegenwoordig met een veiligheidskoord om hun middel, maar je kunt er geen salto mee maken. En verder vinden velen het niet stoer, zo'n net of koord of mat.

In de tijd van Léotard was er nog een Franse lefgozer ac-

De drie Codona's deden dingen waarvan Léotard alleen maar kon dromen. Een van hen oefende drie jaar lang dag in dag uit tot hij in 1921 de driedubbele salto onder de knie had. Daarbij moest hij met een snelhcid van honderd kilometer per uur door de lucht om veilig de andere trapeze te bereiken.

31

tief. Zijn naam was Blondin. Als hij over het koord liep zag het eruit of hij een wandelingetje aan het maken was. En omdat wandelingetjes op een goed moment gaan vervelen bedacht Blondin dat het tijd werd voor een stevige tocht. Hij liet een draad spannen boven de Niagara watervallen op de grens van Amerika en Canada. Toen hij halverwege was haalde hij een Amerikaanse vlag tevoorschijn. Het publiek juichte naar het stipje boven het woeste water. Ze waren bezeten van Blondin en Blondin was bezeten van zijn vak. Dus ging hij op een dag terug naar de watervallen en deed de oversteek nog eens maar dan met een blinddoek om. En daarna nam hij een kruiwagen mee naar de overkant met daarin zijn zoontje. En weer later bakte hij een eitje op de draad. Hij werd er zo rijk van dat hij een huis liet bouwen in Londen. Daar werd hij oud. Boven de deur hing een bordje: *Niagara Huis*.

Met Blondin liep het goed af, ook al zat hij niet vast aan een koord en hing er ook geen net onder dat lange traject boven de waterval. Honderd jaar na zijn oversteek stond er een stel nieuwe waaghalzen zonder beveiliging op de draad. Het was de Wallenda-familie en ze gaven een voorstelling ergens in de buitenlucht. Ze vormden met z'n zevenen een piramide. Toen een van de onderste mannen uitgleed vielen ze met zijn allen op het beton. Twee stierven er, een raakte invalide. Twee dagen later stonden ze weer op de draad met drie nieuwe artiesten erbij. 'Op de draad is je leven,' zei Karl Wallenda, de vader. 'En eronder is je dood.' Toen hij drieënzeventig was stortte hij zelf van een draad die hij had laten spannen tussen twee hotels van tien verdiepingen hoog. Een plotselinge windvlaag blies hem uit zijn evenwicht.

Niet alleen voor de luchtacrobatiek is veel durf nodig, ook als je op de grond blijft moet je geen doetje zijn. Vraag de meeste mensen maar of ze even op hun handen willen gaan

Madame Saqui was waanzinnig beroemd als koorddanseres. Haar grootste fan was Napoleon. Ze trad regelmatig voor hem op. Op een dag waaide en regende het verschrikkelijk en Napoleon liet haar zeggen dat ze niet mocht optreden omdat het te gevaarlijk was. 'Sire, commandeer uw soldaten, maar geen vrouw,' zei Saqui en klom op de draad. Toen ze vijfenzeventig was gaf ze nog steeds voorstellingen.

staan en ze vragen of je gek bent geworden. Voor een acrobaat is dat zo ongeveer het makkelijkste wat er is. Als je geen radslag kunt maken kun je maar beter achter de kassa gaan zitten of popcorn verkopen. Maar een radslag is natuurlijk niet genoeg. Je moet minstens een piramide van drie man hoog kunnen maken. Je moet vanaf vliegende schommels duiken, dubbele salto's vanaf de wipplank maken, touwtjespringen op je handen, je omhoog laten hijsen aan je haar of tien hoepels om je heupen laten draaien. En blijven lachen natuurlijk, alsof het allemaal geen moeite kost.

In bijna elke voorstelling kom je wel acrobaten tegen die dingen op hun voeten laten balanceren: antipodisten heten ze, of voetenjongleurs. Er zweeft van alles door de lucht dat ze weer opvangen met hun voeten. Ze liggen achterover op een trinka, een speciaal toestel met steun in de rug en schouders. De benen en voeten wijzen daarbij omhoog want die moeten al het werk doen.

Honderd jaar geleden bedacht de Engelsman Risley dat het voetenjongleren wel heel erg spannend zou worden als hij in plaats van een tafel zijn zoontje zou nemen om mee te jongleren. Hij gooide hem met zijn voeten de lucht in en ving hem weer op. Toen dat lukte oefenden ze een salto en daarna nog veel meer figuren tot hij op een dag het zoontje een keer niet ving. De jongen viel en was dood. Risley maakte daarna ook een einde aan zijn eigen leven. Maar zijn voetenspel leeft nog steeds voort. In heel veel circussen gooien jongens nu meisjes door de lucht, of broers broers.

Dit spel van jongleren met mensen heet Ikarische spelen. Het is een duizelingwekkend gezicht hoe de ene Ikariër de andere door de lucht zwengelt en hem uiteindelijk ondersteboven in evenwicht houdt: het hoofd van de bovenman op de voetzool van de onderman. Het lijken artiesten met vleugels. Genoemd naar Icarus uit de Griekse mythologie. Die probeerde te vliegen met vleugels van was. Icarus deed alleen iets wat Ikariërs niet doen: hij was te roekeloos en vloog te hoog. Hij stortte neer toen hij te dicht bij de zon kwam. Door de hitte smolten zijn vleugels. Zijn vader Daedalus vloog wat minder hoog en kwam wel goed terecht. Zonder dat ze het wisten waren Risley en zijn zoontje de Icarus en Daedalus van honderd jaar geleden. Geen Grieks drama maar een Brits drama, of beter gezegd: het zoveelste circusdrama.

Er zijn in de piste nog heel wat andere kunsten te zien. Iedere keer verzinnen de acrobaten weer iets nieuws om in te klimmen of om op te lopen. Ballen bijvoorbeeld, waar ze al rollend een heel parcours mee afleggen. Elastieken waaraan ze als bungeejumpers door de tent schieten. Twee grote aan elkaar gesoldeerde metalen cilinders die als het 'Rad des doods' door de lucht draaien en waarin twee acrobaten salto's maken. Ze rennen erin als ratten in hun tredmolen. Maar ze gaan ook rustig touwtje springend buitenom. Wip-

In 1986 brak een acrobaat het hoogterecord en presenteerde het hoogste trapezenummer uit de geschiedenis. Hij steeg op in een heteluchtballon en op vijfduizend meter hoogte bond hij een trapeze aan het laddertje en ging er ondersteboven aan hangen.

34

planken en schommels die hen de lucht in laten vliegen. Fietsen in allerlei soorten en maten. Lappen stof en touwen die loodrecht vanuit de nok naar beneden hangen en waarin ze kronkelend, draaiend en dansend naar boven klimmen om zich daarna sierlijk weer naar beneden te laten glijden, zeilen, duikelen, rollen.

Succesnummers blijven voor altijd, zoals de trapeze van Léotard. Maar andere kunsten verdwijnen langzaam, zoals de messenwerpers en de fakir op zijn spijkerbed. Ze zijn er nog wel, maar voor de meeste mensen is het geen spektakel meer. En niemand waagt zijn leven natuurlijk voor een lauw applaus. Op een goede dag denkt de vrouw van de messenwerper ook: 'Waar doe ik het allemaal voor,' als ze al dat blinkende metaal voor de zoveelste keer op zich af ziet komen en het publiek alleen maar kan gapen.

Wat je ook steeds minder ziet, zijn de grote troepen. Het is voor de meeste circussen veel te duur om een Chinese familie van vijftien acrobaten voor een heel seizoen in te huren. Chinezen staan bekend om hun wervelende shows van grondacrobatiek met linten, hoepels en stapels borden die ze op hun hoofd en voeten laten balanceren. Alleen bij grote circussen of kerstcircussen zie je ze nog aan het werk. Sterke mannen onderop, dan de lichtere, dan de vrouwen en daarboven in de hoogte eindigt de piramide in een meisje van zes dat haar armen spreidt.

Tenslotte zijn er nog de acrobaten die hun kunsten vertonen op een paardenrug, de voltigeurs. En niet op een paard dat stilstaat, maar op een paard dat galoppeert. In de cadans van die galop springen de acrobaten erop, eraf, erop, eraf en dat paard maar rondjes draaien. De voltigeurs klimmen op elkaars nek of ze jongleren met fakkels die branden. Beroemd was May Wirth. Ze had de oversteek uit Australië naar Amerika niet voor niets gemaakt want ze was meteen een succes. May was zestien toen ze in 1912 voor het eerst optrad in het grote Amerikaanse circus van Barnum & Bailey. Ze was de enige acrobate die met een blinddoek om een salto kon maken van het ene galopperende paard naar het andere. Dat alleen was al een kunst van grote klasse, maar de grootste moeilijkheid was dat die mooie schimmels van haar heel precies naast elkaar moesten galopperen. Alle kranten schreven dat ze de beste acrobate te paard was die ze ooit hadden gezien.

Misschien dat je hart bij het zien van de salto van May even stil was blijven staan, het raakt op hol bij het zien van de kozakken. In het Russische leger heten de ruiters kozakken en deze circusstuntmannen, meestal ook Russen, zijn ernaar vernoemd. Ze hebben paarden die zonder problemen eindeloos over de toendra kunnen galopperen. Geen elegante schimmels, zoals die van May Wirth, maar flinke beesten die met zo'n snelheid door de piste denderen dat je niet snapt hoe die kozakken erop kunnen blijven staan. Maar juist door die snelheid in de rondte houden ze hun evenwicht. Ze worden tegen de paardenrug aan gedrukt. Liepen de paarden rechtdoor dan zouden ze er eerder afvallen.

Het gaat er nogal ruig aan toe, met gillen en harde knallen in de lucht van een leren zweep. Die Russen presteren het zelfs om tussen de wild maaiende hoeven door te kruipen, onder de buik van het paard langs van de ene kant naar de andere. Lang nadat de kozakken de piste hebben verlaten gaat je hart nog als een razende tekeer. Zeker als je ook nog eens flink hebt zitten klappen. Als je bloed echt niet meer tot rust komt, moet je na de voorstelling even op het circusterrein gaan kijken. Dan zie je een stel makke paarden op stal staan met een berg hooi onder hun neus. Even verderop laat een van de kozakken op zijn sloffen de teckel uit. Ecn andere schilt aardappels in de deur van zijn caravan. Je kolkende bloed gaat er gelukkig meteen weer van kabbelen.

De meeste mensen beginnen een vak te leren als ze achttien zijn. En als ze dat vak eenmaal onder de knie hebben kunnen ze aan het werk tot ze vijfenzestig zijn. In het circus gaat dat wel even anders. Acrobatenouders laten hun kinderen al op hun schouders staan als ze twee zijn. En als die ouders trainen aan de trapeze, spelen de kinderen eronder in het zaagsel met elkaar. Tussendoor laten ze hen even op hun handen lopen, een flikflak maken of aan de trapeze zwaaien.

Een acrobatenkind geeft vaak zelf al shows als een burgerkind nog geen idee heeft van wat het later worden wil. Zo leer je het vak het beste, want als je pas op je achttiende besluit acrobaat te worden moet je naar de circusschool. Dan heb je heel wat in te halen. Een slangenmens kun je al niet meer worden en of je het ooit schopt tot trapezist die een driedubbele salto maakt tussen de ene trapeze en de andere is nog maar de vraag. Want als je goed bent aan de ringen bij gymnastiek wil dat eigenlijk nog niet zoveel zeggen. Je moet ook kunnen doorzetten. Iedere dag oefenen, uur na uur na uur. En niet opgeven. En het niet erg vinden om drie jaar te trainen op één sprong.

Acrobaten worden niet oud. Nou ja, ze worden wel oud, maar niet als acrobaat. Ze worden oud als leeuwentemmer, als clown, als spreekstalmeester, als kaartjesverkoopster, als leraar, als naaister van kostuums. Je blijft namelijk niet eeuwig lenig, je blijft niet voor altijd durven. Je spieren worden stijf voor je veertig bent. Niet heel erg stijf, maar stijf genoeg om niet langer door de piste te vliegen. Als een vogel. Als een engel. Als een Icarus met verstand van vleugels.

# 5

# De stem van het circus

'Zeg, dat kan ik wel een stukje beter,' zei Peter van Lindonk toen hij het kerstcircus zag in Carré. Carré is het oudste circusgebouw van Nederland en ieder jaar zijn er rond Kerstmis topartiesten te zien. Er staan winnaars in de piste die een kast vol prijzen hebben en die dingen vertonen waar andere artiesten alleen maar van kunnen dromen.

'Wat kun jij dan veel beter?' vroeg een van de directeuren van Carré aan Peter. 'Leeuwen temmen? Jongleren met negen ballen? Een handstand op een olifant? Peter verbleekte: 'Nee, nee, dat niet, maar het aankondigen van de nummers, dat kan ik denk ik beter.' De directeur knikte en zei dat hij het zou onthouden voor volgend jaar. Maar een jaar later hoorde Peter niets, zelfs niet toen de eerste kerstbomen op de markt al werden verkocht. Toen belde hij zelf maar naar Carré: 'Waar blijf je!' riepen de directeuren aan de andere kant van de lijn. 'We zitten al weken op je te wachten.' Toen werd Peter pas goed bleek: hij was opeens spreekstalmeester geworden van een van de beroemdste shows in Nederland.

Met stallen heeft het allemaal niets te maken. Sterker nog, daar heeft de spreekstalmeester helemaal niets te zoeken. Niks poetsen en boenen en mest en stro. De spreekstalmeester heeft vaak een mooie rode jas aan met lange flappen aan de achterkant, zo kunnen de mensen hem goed zien. Hij is de stem van het circus, hij zegt wat er gaat gebeuren en wie er gaan optreden. Hij is de rode draad van de voorstelling, als enige blijft hij van het begin tot het einde

In 1887 liet Oscar Carré het circusgebouw in Amsterdam neerzetten. Koning Willem III vond de voorstellingen zo schitterend dat Oscar Carré zelfs op paleis het Loo een show mocht geven tijdens het bezoek van de Russische tsaar. Het werd zo'n succes dat Carré vanaf die dag officieel zijn circus koninklijk mocht noemen.

aan de rand van de piste staan. Nooit verdwijnt de spreekstalmeester achter het gordijn de stallen in, want zijn rode
jas moet altijd zichtbaar zijn.

Peter wilde die eerste avond het liefst een jas aan waardoor hij onzichtbaar zou worden, maar de directeur zei: 'Je
kon het toch beter? Aan een spreekstalmeester die we niet
kunnen zien hebben we niets, dus trek je rode jas aan en zet
je hoge hoed op, want de voorstelling begint over vijf minuten.' Peter was vreselijk zenuwachtig, maar toen de eerste
tonen van het orkest klonken ging het al beter. 'Hooggeëerd publiek. Kinderen van alle leeftijden.' Zo begon hij.
Toen stak er iemand een duim op. Het ging dus goed, het
bibberen stopte en zijn zenuwen waren voorbij.

'Hooggeëerd publiek!' is de begroeting die bijna alle spreekstalmeesters in het circus gebruiken. Peter zegt het veertig
keer per jaar rond Kerstmis. Er zijn ook spreekstalmeesters
die het publiek wel 350 keer per jaar welkom heten, omdat
ze niet alleen rond Kerstmis, maar het hele jaar door in het
circus werken. Vaak is het de directeur zelf die de nummers
aankondigt, of de directrice, want spreekstalmeesteressen
zijn er ook. Maar Peter werkt het hele jaar met boeken en
alleen in december voert hij het hoge woord in de piste en
dat doet hij nu al weer vijftien jaar lang.

Hij verveelt zich nooit. Hij denkt geen enkele keer: was
het maar vast half elf, dan kon ik lekker naar huis om de
kerstboom op te tuigen, want die Friese hengsten komen
me de keel uit. Peter ziet altijd wel kleine verschillen. En als
er iets misgaat dan moet hij er zijn om de mensen toe te
spreken. Die keer bijvoorbeeld dat er twee tijgers vlak voor
hun optreden in de looptunnel verschrikkelijk begonnen te
vechten. Wat een gebrul was dat. Het publiek dacht dat op
zijn minst alle tijgers waren losgebroken en zich op de acrobaten en clowns achter het gordijn hadden gestort. Peter
nam de microfoon en vertelde wat er aan de hand was: geen

Rond de kerstdagen zijn
er overal circusvoorstel-
lingen te zien. Er zijn zelfs
circussen die alleen actief
zijn rond die datum. Ze
heten 'Kerstcircus' of
'Wintercircus', en reizen
niet rond, maar trekken
van theater naar theater.
Sommige hebben een
vaste plek, zoals het
Kerstcircus in theater
Carré.

Na drie weken kerstcircus
is het programma tien
minuten korter. De num-
mers zelf duren nog steeds
even lang, maar de over-
gangen tussen de num-
mers gaan iedere dag een
stukje sneller omdat alle
medewerkers steeds beter
ingewerkt raken.

uitbraak, maar wel een gewonde tijger die snel geopereerd moest worden.

Peter zegt het liefst heel weinig, alleen het allerbelangrijkste. Je moet namelijk nooit iets zeggen wat de mensen zelf kunnen zien. Vorig jaar viel er iemand van het koord zo de diepte in. In het zaagsel bleef hij liggen en iedereen dacht dat hij dood was. Dan ga je natuurlijk niet zeggen: 'Mensen, er is zojuist iemand naar beneden gestort.' Want dat ziet iedereen ook wel. Je kunt beter zeggen dat iedereen rustig moet blijven zitten, of juist dat ze even koffie kunnen gaan drinken. Dat laatste zei Peter toen de koorddanser niet opstond. Uiteindelijk kwam het allemaal goed en tegen de tijd dat het publiek weer in de zaal zat vertelde Peter dat de koorddanser zijn arm lelijk had gebroken, maar dat hij buiten levensgevaar was en dat ze verder zouden gaan met het programma. Peter zei ook: 'U hebt gekozen om naar het circus te komen. Nou, dit is het circus, een levende voorstelling waar soms dingen fout gaan. Maar, *the show must go on!*' De show moet doorgaan, betekent dat.

Die woorden zijn ooit in het circus ontstaan. Tegenwoordig gebruikt iedereen dat zinnetje wel eens, van meester tot minister, voor als het verkeerd loopt in de klas, op straat of in het parlement. 'The show must go on' zeggen ze wanneer er iets naars is gebeurd of wanneer ze iemand wegsturen en toch snel door willen gaan. Maar oorspronkelijk heeft die uitspraak alles te maken met neerstortende koorddansers, vechtende tijgers, brandende tenten en struikelende olifanten. Het kan nooit zo erg worden dat de voorstelling voorgoed wordt stilgezet, misschien voor even, maar er is altijd een volgende dag.

De spreekstalmeester heeft nog een belangrijke taak: hij moet het applaus in de gaten houden. Als de mensen hard klappen dan kan hij de artiest terug de piste in sturen voor een extra applaus. Hij gaat dan in de opening van de piste staan met zijn armen wijd en zorgt ervoor dat de artiest niet weg kan. Hij moet er alleen wel zeker van zijn dat de mensen nog een keer willen klappen, anders staat die artiest te buigen in een doodstille tent. Een keer schatte Peter het verkeerd in. Het was woensdagmiddag en de zaal zat vol kinderen. Hij stuurde de paardendresseur nog eens de piste in. Maar er gebeurde niets. De dresseur boog nog eens extra diep, maar niemand gaf een applaus. Daar heeft hij veel van geleerd. Kinderen klappen heel kort, vijf keer hun handen op elkaar en klaar. Dan denken ze: eruit met die paarden, we komen hier niet om te klappen en zeker niet om nog een keertje extra te klappen, we willen olifanten zien! Dus Peter stuurt vanaf die dag nooit meer iemand terug als de zaal vol kinderen zit.

Als de voorstelling is afgelopen roept hij alle deelnemers nog eens achter het gordijn vandaan voor de grote finale. Ze hebben voor het afscheid allemaal een ander tenue aangetrokken om voor de laatste keer te kunnen schitteren. Soms duurt het applaus zo lang dat de artiesten vermoeider raken van het buigen dan van de salto die ze daarvoor hebben gemaakt. Maar dat is niet erg, want die klappende handen geven het gevoel dat ze zweven. En Peter? Hij moet ervoor zorgen dat hij op het juiste moment iedereen bedankt. Niet te vroeg, niet te laat, precies als het applaus een heel klein beetje zachter wordt.

Peter eindigt altijd met een paar mooie woorden die ieder jaar anders zijn. Woorden waarvan Peter wil dat ze doorklinken als de mensen alweer op weg zijn naar huis. Soms verzint hij ze in de zomer al wanneer hij met de auto door Frankrijk rijdt. Dan stopt hij en schrijft ze meteen op: *Circus is alles en circus is niets. De mensen die het niet snappen zullen het nooit snappen, maar als je het begrijpt gaat het regelrecht naar je hart en daar blijft het eeuwig zitten.*

Bij de grote finale komen alleen de artiesten nog eens afscheid nemen van hun publiek. De dieren blijven op stal. Vaak krijgen ze direct na hun optreden nog eten en daarna gaan voor hen de lichten uit.

In 1969 zei de spreekstalmeester van het grote Amerikaanse circus Barnum & Bailey als afscheid tegen het publiek: *May all your days be circus days!*, 'dat al je dagen circusdagen mogen zijn!' Sindsdien gebruiken meer spreekstalmeesters die zin.

41

# 6

# De laatste tijgertemmer

Tijgers tem je niet. Leeuwen maak je niet mak. Ook al groeien ze bij je op in de caravan. Ook al geef je ze vlak na de geboorte iedere twee uur de fles. Ook al slapen ze de eerste maanden bij je in bed. Mak en tam krijg je ze niet. Nooit! Dresseren kun je ze en met ze samenwerken. Maar je hebt altijd ogen nodig, ogen in je rug. En oren die elke grauw en grom begrijpen.

Het was de jongensdroom van Job Lijfering: dompteur worden. Maar zijn familie zei: 'Daar gaan we jou niet aan wagen, aan dat stel wildebeesten.' En zij konden het weten, want Job komt uit een echte circusfamilie. Dus werd hij acrobaat. Hij kwam bij een circus in Zuid-Afrika terecht. Daar werd al snel de dompteur gebeten door zijn eigen leeuwen. En Job, die altijd bij de leeuwen te vinden was, zei: 'Kom maar op.' Hij mocht de dompteur vervangen. Niemand stond waarschijnlijk te springen om dat baantje. Hij kreeg er zijn eerste optreden en daarna wilde hij niet meer terug. Wel naar Nederland, maar niet als acrobaat.

Hij verdiende zijn eigen tijgers bij elkaar. Met het boenen van circus-wc's, met tenten opbouwen en afbreken, met reclame maken, met werken, werken en nog eens werken. Tot hij geld had voor zeven tijgers.

Tijgers?

Tijgers!

Van de taiga of de steppe, Siberische of Bengaalse, als er maar strepen op zaten. In ieder geval beslist geen leeuwen meer. Dat had hij wel van zijn Zuid-Afrikaanse avontuur geleerd.

Dompteur komt van het Franse woord *dompter*. Dat betekent temmen. Een dompteur werkt met roofdieren (tijgers, leeuwen, beren), en soms wordt dat woord ook gebruikt voor olifantendresseurs. Bij andere dieren spreek je van dresseurs. Er zijn tegenwoordig mensen die liever het woordje 'dierenleraar' gebruiken, omdat dat vriendelijker klinkt.

Tijgers zijn alleen levende dieren en ze gaan in hun eentje op jacht. Leeuwen zijn groepsdieren. De vrouwtjes besluipen samen een prooi en de hele familie eet ervan. Eerst de sterkste en daarna de zwakkeren. De mannetjes moeten in de groep steeds weer bewijzen wie de baas is. Als de vrouwtjes willen paren met een mannetje breken er iedere keer weer gevechten uit in de groep. Als ze zijn uitgeknokt mag de winnaar het vrouwtje bespringen. Bij circusleeuwen gaat dat precies zo. En als toevallig net de dompteur wil gaan repeteren dan moet hij meedoen in het gevecht. Want alle mannetjes zien hem ook als een bedreiging. Dat betekent met stokken meppen als je geen klauwen hebt. Job had daar niet zo veel zin meer in.

Tijgers pakken dat beter aan. Als een tijgerin een mannetje wil, bepaalt ze zelf welk mannetje dat is. Ze zoekt de sterkste en de knapste uit en de rest kan toekijken of weggaan. De dompteur wordt in ieder geval niet meteen besprongen door een stel gestreepte macho's als hij de kooi binnenkomt.

Een tijgerin krijgt een, twee en soms drie welpjes. Ook in gevangenschap. Als het goed gaat kunnen ze bij de moeder blijven, maar soms wordt de kooi te klein of er is iets anders aan de hand waardoor de moeder niet goed voor haar jongen kan zorgen. Een van de eerste tijgers die bij Job jongen kreeg liet ze niet bij zich drinken. Hij heeft ze toen bij de moeder weggehaald en samen met zijn vrouw Trudi heeft hij ze met flesjes gered. Toen ze twee maanden waren bleek waarom de moeder ze niet zelf wilde verzorgen. Haar jongen waren blind. Ze zouden in de natuur niet overleven. En in het circus zouden ze nooit door een hoepel kunnen springen. Dus moesten Job en Trudi doen wat de moeder al eerder had bedacht: ze laten inslapen.

De woonwagen van Job en Trudi staat al vijfentwintig jaar naast de tijgertruck. Ze zien tijgers, ze ruiken tijgers, ze ho-

Oorspronkelijk komt de tijger uit Siberië. Daar komt de naam Siberische tijger vandaan. Maar nu leven er in India en Indonesië ook tijgersoorten, die een stuk kleiner zijn dan de Siberische. De Bengaalse bijvoorbeeld en de Sumatraanse. In het circus worden meestal Bengaalse tijgers gebruikt. Of een mix van Bengaals en Siberisch.

ren tijgers. Vierentwintig uur per dag is het tijgertijd. Als ze klaar zijn met verzorgen en ze zitten net even te genieten van een kopje soep, dan is er altijd wel weer iemand onder het hek door gekropen om de beesten wat nader te bekijken. Sommige mensen willen de tijgers zelfs aaien omdat ze denken dat circustijgers net zo tam zijn als hun poes die thuis spinnend voor de kachel ligt. Er zijn ook van die akelige knulletjes die dingen tussen de tralies gooien: stenen, kauwgom, glas. Bovenop een tijgerkop. Grauw! horen Job en Trudi vanuit de tijgertruck en direct daar achteraan gegiechel van knulletjes. Ze eten acht à negen kilo vlees op een dag, die tijgers. Boris, Ivan, Grismo, Wodan en Bombay zouden wel raad weten met zo'n jochie als ze hem te pakken konden krijgen. Mmmmmmmmmmm.

Roofdieren krijgen niet iedere dag te eten. Ze slaan regelmatig een dagje over. In de natuur gebeurt dat ook. Als tijgers een prooi hebben gevangen eten ze er drie dagen van, tot ze helemaal ploffen. Pas als ze weer honger krijgen gaan ze op jacht. Bij leeuwen gaat dat ook zo. Maar omdat ze in troepen leven gaat de prooi in een dag op. Maar ook zij moeten een paar dagen uitbuiken voor ze weer op jacht gaan. Dat is de reden dat roofdieren in gevangenschap ook niet iedere dag te eten krijgen. Maar ze worden wel een stuk ouder dan in de natuur. Achttien halen ze met gemak. In de natuur kunnen tijgers op die leeftijd allang geen gnoe meer bespringen. En op die leeftijd kan een leeuw het in de groep ook wel vergeten. Hij staat onderaan in de rangorde en dan moet hij maar afwachten wat er voor hem aan de zebrabotten blijft kleven. In ieder geval niet genoeg om er daarna weer een paar dagen tegen te kunnen als de rest ligt bij te komen met een volle maag. Elf of twaalf, dat is de maximumleeftijd voor roofdieren in het wild.

Omdat tijgers in de natuur alleen leven, hebben ze niet zoals leeuwen geleerd zich aan te passen aan een groep. Iede-

De tijgerwagen vind je altijd vlakbij de artiesteningang van de circustent. De looptunnel moet zo kort mogelijk zijn en niet over het hele circusterrein lopen.

Voor een dode tijger kun je een hoop geld krijgen. Wel tienduizend euro. De huid is het meest waard. Maar ook de nagels, de tanden en zelfs de snorharen leveren geld op. Ooit bood een vrouw vijftig euro voor een snorhaar. Sommige mensen verpulveren ze en gebruiken het als medicijn tegen astma. En er zijn mannen die denken dat vrouwen hen na een hapje tijgernagel heel aantrekkelijk vinden.

re tijger heeft zijn eigen karakter en houdt zijn eigen karakter. Daardoor kan het gebeuren dat sommige circustijgers zich niet thuis voelen in een groep. Alex was zo'n tijger. Een fantastisch beest dat alles voor Job wilde doen. Maar het liefst was Alex alleen met Job in de piste zonder de andere tijgers. Zodra Wodan, Ivan of Boris ook maar in de buurt kwam van Job viel Alex ze aan om Job te beschermen. Dat ging niet bepaald op een zachtzinnige manier en het was hem niet af te leren. Uiteindelijk kon Alex ook niet meer samen met de andere in de buitenkooi, en in de vrachtwagen kreeg hij een apart hok, niet groter dan twee meter bij anderhalf. Te klein vond Job. Na lang piekeren, veel slapeloze nachten en praten met Trudi wist hij: Alex moet weg. Hij belde die dag nog met Arno van der Valk in Friesland.

Arno heeft al negen jaar een opvangcentrum voor roofdieren. 'Natuurlijk is Alex hier welkom,' zei Arno. Toen bracht Job zijn lievelingstijger naar Friesland. Daar heeft hij nu een enorme kooi voor zichzelf. Het gaat goed met Alex, maar met Job sindsdien iets minder. Hij mist Alex zo verschrikkelijk dat het niet lukt hem op te zoeken. Nog niet.

Er lopen nog vijftig andere roofdieren rond op het terrein van Arno: leeuwen, poema's, panters, jaguars, lynxen en moeraskatten. Allemaal met hun eigen verhaal. De eigenaar van een van de moeraskatten dacht een lief poesje te kopen op de markt in Antwerpen. Het werd een heel wild poesje dat alle meubels sloopte. Nu ligt hij tevreden in een hangmat bij Arno. Met veel hout om zich heen om aan te krabben.

Een van de leeuwinnen ziet er nogal verfomfaaid uit omdat de eigenaar haar grootbracht met havermoutpap. Zo zou ze wel tam blijven was zijn idee. Ze ziet er veel te langgerekt uit, met kromme poten en een doorgezakte rug. Maar tam? Nee.

De meeste dieren bij Arno komen uit het circus. Uit heel Europa weten dompteurs hem te vinden, want hij is de eni-

Stichting Pantera heet het opvangtehuis van Arno van der Valk. Er werken drieëndertig vrijwilligers en er zijn achthonderd donateurs. Het is elke week weer puzzelen om genoeg geld te vinden voor duizend kilo vlees. Soms brengt de politie een doodgereden ree. En ooit bracht een restaurant overgebleven kangoeroestaarten. Het is allemaal welkom.

ge met zo'n opvangcentrum. Hij krijgt dieren die net als Alex niet zo geschikt bleken te zijn voor het circusleven. Maar er zijn er ook die hun oude dag bij Arno mogen slijten. En verder zijn het beesten die in beslag zijn genomen door de politie. Zo is er in Duitsland een wet die zegt: alle circusdieren moeten elke dag optreden. Als dat niet gebeurt worden ze weggehaald uit het circus.

Die wet is zo slecht nog niet. Als dieren elke dag moeten optreden kunnen ze hun energie in de piste kwijt. Dan is zo'n kleine circuskooi wat minder erg. Hebben dieren maar een bijrol voor één keer in de week, of reizen ze gewoon mee voor de lol, dan is zo'n kooi echt te klein. Die wet zegt ook: als de dieren niet iedere dag optreden moeten ze een kooi hebben op dierentuinformaat. Nou, daar kan een circus natuurlijk niet aan beginnen. Zoveel plek is er niet. Dus al die opgesloten leeuwen, tijgers en panters, en ook de beren en de olifanten die er maar half bij horen, moeten een ander tehuis krijgen. Olifanten gaan naar dierentuinen, de roofdieren komen vaak bij Arno terecht. De beren vroeger ook, maar die stuurt hij nu door naar andere opvangtehuizen, anders is er voor Arno geen beginnen meer aan: te veel werk en te duur. Hij zou er dan nóg een lap grond bij moeten kopen, zoveel beren zijn er soms in de aanbieding.

Als de roofdieren gezond zijn en jong probeert Arno een nieuwe plek voor ze te vinden. Zo gaat er soms een stel tijgers op transport naar een natuurreservaat in Azië en een koppeltje leeuwen naar een wildpark in Afrika. En heel af en toe komt er een dierentuin informeren of er nog een poema over is. Maar dat laatste gebeurt steeds minder vaak, omdat de dierentuinen zelf te veel beesten hebben.

Arno is niet altijd even blij met de manier waarop sommige dierentuinen de zaken aanpakken. *Kom naar onze jonge tijgerwelpjes kijken!* staat er in de krant. En dan slepen ouders op woensdagmiddag hun kinderen mee naar de dierentuin. En daar zien ze hoe die zachte wollige tijgerbaby's over elkaar heen buitelen. Maar daarna? Waar moet dat heen als ze een half jaar oud zijn? Te groot om bij de moeder in de kooi te blijven en te weinig plek in die toch al zo propvolle dierentuin. Arno kan moeilijk tegen zijn buurman zeggen: als mijn roofdieren nu een paar van jouw koeien opeten, dan hebben wij weer wat meer plaats voor overgebleven dierentuintijgers. Dus vragen dierentuinen wel eens of een dierenarts de jonge tijgers wil laten inslapen. Dat is een stuk goedkoper dan ze op een vliegtuig zetten naar een wildpark.

Leeuwen terugsturen naar Zuid-Afrika kost veel geld. Voor één euro per jaar kan iedereen die dat wil één vierkante meter grond 'adopteren' in het eco-reservaat Mkhunyane. Daar worden de leeuwen de komende jaren bestudeerd en gecontroleerd. Pas na tien jaar kunnen wetenschappers zeggen of de nakomelingen weer echte wilde beesten zijn.

En trouwens dat laatste kan ook zomaar niet. Je kunt moeilijk hier en daar lukraak roofdieren in het wild loslaten. De regeringen van landen als India en Zuid-Afrika, waar roofdieren in het wild leven, moeten wel eerst toestemming geven. Er moet bijvoorbeeld plaats zijn voor al die leeuwen en tijgers. En verder veel geld.

Roofdieren die in gevangenschap zijn geboren moeten namelijk langzaam weer wennen aan een leven in het wild. Ze moeten opnieuw leren jagen en ontdekken wat de gevaren zijn in de natuur. Dat gaat niet van de ene op de andere dag, maar dat duurt jaren en jaren: van tijgermoeder op tijgerkind op tijgerkleinkind. En in die tussentijd moeten roofdierkenners ze steeds in de gaten blijven houden. Al dat geld hebben die dierentuinen daar niet voor over. Hebben ze net iets aan die jonge welpjes verdiend en dan moeten ze het alweer uitgeven. De dierenarts laten komen is dus een stuk makkelijker en goedkoper.

Roofdieren in het circus hebben het meestal beter dan roofdieren in de dierentuin. Veel mensen vinden het zielig die machtige beesten die kunstjes vertonen. Maar Arno zegt dat ze beter kunstjes kunnen doen dan eeuwig stilzitten in een kooi. Daarom zie je in dierentuinen veel vaker van die zenuwachtig heen en weer lopende tijgers en leeuwen dan in het circus. Circusroofdieren kunnen hun energie beter kwijt. Ja, die twee keer vijftien minuten is genoeg. In het wild slapen ze twintig uur per dag. Even rennen voor hun prooi, even hun gebied verdedigen en dat is het wel zo'n beetje. Leeuwen moeten af en toe vechten voor een vrouwtje en tijgers moeten de voorraadkast inspecteren (ze verstoppen hun prooi onder struiken en bladeren en daar mag natuurlijk niemand aan zitten).

'Toch,' zegt Arno, 'zijn niet alle circusdieren even gelukkig.' In een van zijn kooien zit een nogal gebutste leeuw. Hij kreeg tijdens de repetities klappen tussen zijn ogen met een stok waaraan een scherpe punt zat. Zo te zien was hij niet zo gehoorzaam want de littekens zijn diep en rood. Arno vertelt dat er twee manieren zijn waarop je roofdieren kunt dresseren. De Engelse manier en de Duitse.

De gebutste leeuw is op de Engelse manier gedresseerd. De dompteur bepaalt wat het dier moet doen. Ook al heeft dat dier er helemaal geen zin in. Het is: spring of ik sla. Alex, de tijger van Job, is gedresseerd op de Duitse manier. De dompteur kijkt wat zijn dieren leuk vinden: rollen, springen, languit liggen en dat gaat hij oefenen. Ze hoeven dus niet allemaal in een rijtje rechtop te zitten of door hoepels te springen als ze dat niet willen. Misschien iets minder spectaculair, maar wel zo vriendelijk.

Sinds 1969 mogen er geen roofdieren uit het wild meer worden gehaald. Alle leeuwen en tijgers die in het circus werken en in de dierentuin wonen, worden in gevangenschap geboren. En het zijn er dus eerder te veel dan te weinig en Arno heeft er zijn handen vol aan. In het circus zelf kunnen ook steeds minder roofdieren terecht. Vroeger was een troep van vijftien dieren normaal. Nu wil niemand dat meer. Veel te duur en ook veel te zielig. Want hoe meer dieren, hoe minder plek.

Dat is niet de enige reden dat er steeds minder leeuwen en tijgers in de circussen te zien zijn. Dompteur is een be-

Job bewaart de tijgerpoep. Er zijn altijd mensen die een emmertje mee willen voor in de tuin: goed tegen muizen en de katten van de buren. Ze kunnen het zo gratis meenemen, terwijl er bij Artis voor betaald moet worden.

roep dat langzaam aan het uitsterven is. In Nederland is er nog maar één die eigen roofdieren heeft: Job. En ook Job zegt: 'Ik hou ermee op.' En zijn vrouw Trudi zegt: 'Ik wil eindelijk, eindelijk wel eens samen met vakantie, maar dat kan niet want we zijn altijd maar op reis.' Op reis en vakantie is in de circuswereld nogal een verschil.

De meeste rust krijgt Job als hij met zijn tijgers in de kooi staat. Dan is alle stress weg. Het voelt voor hem bijna als vakantie. Die oude Wodan van achttien moet en zal zijn kunsten vertonen, ook al begint hij mank te lopen. Ivan en Boris zijn twee linkmiegels die Job steeds goed in de gaten moet houden. Vooral Ivan, want die heeft al een paar mensen gegrepen. Als zij alle drie door de looptunnel zijn, sprint Bombay erachteraan. En dan tenslotte Grismo, de liefste. Die heeft nooit zoveel zin. Maar hij gaat, omdat Job hem roept: 'Kom jongen, straks krijg je eten.'

In de piste is Job de baas. Het is zijn territorium. Hij moet niet in de truck komen, die is van de tijgers, maar in de grote kooi tonen ze alle vijf respect. Die tijgers moeten het idee hebben dat de dompteur sterker is dan zij. Dat is de magie van de roofdierenshow. Er hoeft er maar één aan te twijfelen en de dompteur te bespringen en het sprookje is uit. Er zijn al heel wat verhalen slecht afgelopen. Ieder jaar wordt er wel iemand gegrepen. Twee jaar geleden stierf een vriend van Job en dit jaar nog werd zijn neef gepakt omdat hij te dicht bij de looptunnel stond.

Hij is zelf nooit aangevallen: geluk gehad en goed opgelet. Trudi helpt hem daarbij. Zij staat tijdens iedere voorstelling naast de kooi in de piste. Job heeft alle tijgers plaatsvast gemaakt. Dat betekent dat ze op hun postamenten moeten blijven zitten, het ronde voetstuk van ijzer en hout dat in het circus bij de meeste dierennummers wordt gebruikt. Als er eentje vanaf gaat zonder dat hij het ziet, roept Trudi heel hard de naam van de tijger. Job weet dan meteen waarheen hij zich moet omdraaien, want ze hebben alle vijf een vaste plek.

Als een tijger aanvalt slaat hij eerst zijn klauw uit en haalt de prooi daarmee naar zich toe. Dat is de reden dat sommige roofdieren in het circus geen nagels meer hebben. Een dierenarts heeft ze eruit gehaald. Zoiets zal bij Job en Trudi niet gebeuren, want zij vinden dat je de dieren in hun waarde moet laten.

49

Alleen die onstuimige Bombay springt er nog wel eens vanaf. Maar dat komt omdat ze eigenlijk nog niet klaar is voor het pistewerk. Plotseling moest ze Rani vervangen, die kort daarvoor onverwacht stierf, gestikt in een kippenbotje.

'Bombientje, Bombientje,' zegt Job na de voorstelling tegen haar. Ze schuurt en wrijft zich tegen de tralies aan en Job kriebelt haar dikke vacht. Ze geeft hem heel zacht antwoord: Rrrrrrrrrrrrrrrrrrr. Vandaag ging het goed. Ze bleef rustig op haar plaats. Soms krijgt ze het echt in haar bol. Dan gaat ze tijdens de voorstelling rustig een eindje wandelen door de piste of ze gaat heel wild tegen de andere aan springen. Job zet haar dan weer op haar plaats. Hij rijgt een stukje vlees dat hij in een tasje om zijn middel heeft zitten aan zijn stok, en geeft het haar. Als ze het fout doen niet straffen, maar als het goed gaat belonen. Zo blijven dieren met plezier de kooi in komen en niet met angst.

Zijn ze wel angstig dan zie je dat aan hun platte oren. Als het goed is moeten ze zelfs met rechtopstaande oren door een brandende hoepel kunnen springen. 'Want,' zegt Arno. 'Het is een fabeltje dat roofdieren brandende hoepels eng vinden. Ze weten niet eens wat vuur is. Als ze erdoorheen springen trekken ze een sluis van lucht om zich heen waardoor het niet warm aanvoelt. Het is een prachtig gezicht. Zeker als de lichten uitgaan in de piste. Vuur of bloemetjes, het maakt zo'n tijger niets uit. Maar de mensen vinden het zielig, dus laten dompteurs die kunst niet meer zien. Jammer, jammer, jammer.'

Wat wel zielig is? Een olifant op rolschaatsen. Een beer op een motor. Apen in een pakkie. Een tijger of leeuw kun je zulke onnatuurlijke dingen niet laten doen. Die scheuren zo'n balletpakje meteen aan flarden. En aan een touw kun je ze ook niet meesleuren, want dan heb je meteen een paar nagels in je nek. Je zou het niet zeggen, maar van alle circusdieren zijn de roofdieren misschien nog wel het meest natuurlijk gebleven. Geen franje, geen fratsen. Grrrrrrrrrrrrrrrrrrrrrrrrrr.

Tijdens een circusvoorstelling is het roofdierennummer altijd het eerste aan de beurt of het komt direct na de pauze. De kooi staat dan al klaar. Zo hoeft het publiek niet te wachten tot hij eindelijk is opgebouwd.

# 7

# De papierwinkel

Kranten, tijdschriften, televisie en radio, samen worden ze wel eens een mediacircus genoemd. Als er iets belangrijks staat te gebeuren in de hoofdstad zeggen de mensen: 'Jee, het zal wel weer een heel mediacircus worden.' Overal staan camera's, er lopen mensen druk te doen met koptelefoons en microfoons, en er drommen groepjes journalisten samen die met blocnootjes en pennen zwaaien. Het ziet er warrig uit, een beetje overspannen zelfs en daarom wordt het een circus genoemd. Vreemd.

Als je namelijk aan een circusdirecteur vraagt of het er in zijn circus ook zo rommelig toe gaat, zegt hij natuurlijk: 'Nee, bij ons verloopt alles ordelijk en zonder stress.' In een echt circus kunnen ze een chaos niet gebruiken, want chaos leidt tot fouten en fouten geven ongelukken. Als de verbinding met de verslaggever wordt verbroken zegt de nieuwslezer op de televisie gerust dat ze het later nog wel een keer proberen. Maar als het licht uitvalt terwijl er net iemand boven de tijgerkooi over de draad fietst kan niemand zeggen: 'Even geduld a.u.b.'

Zoiets kun je in het circus wel vergeten. Het moet perfect gaan: de piste moet strak liggen zodat er geen paarden struikelen, uit de kooi mogen geen tijgers ontsnappen, de trapeze moet goed vastzitten, net zoals het vangnet, de tentpalen en de tribunes. Er hoeft maar één schroefje te ontbreken of het hele zaakje stort naar beneden. Er mag niets misgaan, niet tijdens de voorstelling, maar ook niet ervoor of erna. Om dat allemaal voor elkaar te krijgen moet een circusdirecteur van alle markten thuis zijn.

De circusdirecteur is de baas van een groot geheel. Mensen, dieren, tenten, auto's, meer dan directeur nog is hij eigenlijk burgemeester van een rijdend dorp, van een stad op wielen met precies in het midden, als een enorme kathedraal, zijn circustent. Het lijkt een sprookjeswereld, maar veel circusmensen zeggen dat het allemaal meer reumatiek is dan romantiek: modder, regen en kou in plaats van zaagsel, zon en warmte. Hard werken in plaats van lekker rondreizen.

Om te beginnen moet de circusdirecteur net als iedere andere directeur goed kunnen omgaan met mensen, mensen van verschillende nationaliteiten. Maar dat niet alleen, hij moet ook nog eens alles weten over allerlei soorten dieren. Veel circussen slepen namelijk een hele dierentuin met zich mee van kamelen tot krokodillen, ze verzinnen iedere keer weer een nieuw nummer met een ander bijzonder dier.

En naast dierentuindirecteur lijkt de circusdirecteur ook wel eens op de directeur van een transportbedrijf. Sommige circussen hebben wel honderd wagens, waarin al die mensen en beesten moeten worden vervoerd. En tenslotte, alsof dit al niet genoeg is, moet hij ook nog eens verstand hebben van bouwen: waar kan de tent wel staan en waar niet? Wat moet ermee gebeuren als het stormt of onweert? En hoe moet hij worden gerepareerd?

Hij moet ook kunnen omgaan met geld en wetten, en met de hele papierwinkel die daardoor iedere dag op zijn werktafel ligt.

Als je met een circus wilt gaan reizen moet je eerst een programma hebben. Een directeur maakt afspraken met artiesten. Soms horen die artiesten vast bij het circus, maar meestal huurt hij ze voor een tijdje in. Vaak komen die ingehuurde artiesten uit het buitenland en dat kan problemen geven. Als je Russisch bent mag je namelijk niet zomaar in Nederland komen werken, daar moet je toestemming voor

Honderd jaar geleden zagen de contracten tussen de artiesten en de circusdirecteur er anders uit dan nu. De directeur kon een artiest wegsturen wanneer hij maar wilde. Bijvoorbeeld wanneer het nummer niet in de smaak viel bij het publiek. Als een artiest weg wilde dan moest hij een enorme boete betalen.

hebben. Zo'n toestemming heet vergunning en de circusdirecteur moet voor die vergunning zorgen.

Soms lijkt het of de directeur de hele dag met die vergunningen bezig is, want zo'n Russische circusartiest heeft niet alleen een werkvergunning nodig, maar ook een woonvergunning om hier te mogen wonen. En als die circusartiest zijn leeuwen meeneemt moeten die ook een vergunning hebben, want je mag niet zomaar op stap met een troep roofdieren.

Als het met al die vergunningen voor mensen en dieren goed zit, kunnen alle papieren met stempels en handtekeningen in de dikke map *Programma* worden opgeborgen. Dat is dan geregeld zou je zeggen. Maar nee, er zijn nog meer vergunningen nodig. Voordat hij namelijk goed en wel met zijn gezelschap op weg kan, moet de burgemeester van de stad op wielen vele brieven schrijven naar de burgemeesters van de steden en dorpen die hij wil bezoeken. Die moeten toestemming geven dat het circus mag komen. Soms willen er wel drie circussen tegelijk neerstrijken, maar dat kan natuurlijk niet, dus krijgt het ene circus wel een vergunning om voorstellingen te geven en het andere niet. Wie zich het eerst aanmeldt heeft de meeste kans, maar niet altijd. Soms is het ene jaar die aan de beurt en het volgende die. Iedere burgemeester heeft daarvoor zijn eigen regels.

Houdt het dan nooit op met die vergunningen? Het antwoord is nee, want zelfs om reclame te mogen maken in de stad hebben de circussen een speciale vergunning nodig, een plakvergunning. Zonder die plakvergunning mogen er geen posters worden opgehangen waarop te lezen valt wanneer het circus komt, waar het staat en wat er allemaal te zien is.

De plakploeg gaat niet zomaar op pad. Ze mogen niet wild plakken of her en der een lantaarnpaal uitkiezen om de borden aan vast te zetten. Ze hebben een lijstje bij zich waarop staat:

In Scandinavische landen is het verboden roofdieren in het circus te laten optreden. In Denemarken, Noorwegen en Zweden zul je dus geen leeuwen, tijgers of beren tegenkomen.

Er zijn groepen die actie voeren tegen dieren in het circus. Ze doen er alles aan om net als in Scandinavische landen een verbod te krijgen op in het wild levende dieren in het circus.
Ze vinden dat dieren geen dwangarbeiders zijn. Ze noemen de verzorgers van de dieren cipiers, alsof het circus een gevangenis is.

54

*De burgemeester geeft toestemming om in deze gemeente*
*twintig reclameborden te plaatsen, en wel op de volgende*
*plekken:*
- *een bord aan de Herenweg rond de derde lantaarn-*
  *paal aan de linkerkant van de weg als u in de*
  *richting van het stadhuis rijdt*
- *een bord in de Torenstraat rond het verkeersbord*
  *verboden te parkeren tegenover de telefooncel*
- *een bord langs de Stadssingel rond het tweede voor-*
  *rangsbord naast de parallelweg aan de zuidzijde*
- enzovoort.

En wee je gebeente als je er een lantaarnpaal naast zit, want dan krijg je de politie op je dak.

Als de borden en posters hangen, als de tent staat, als de woonwagens zijn geparkeerd, komt de brandweer kijken of alles veilig is. 'Waar is de nooduitgang?' hoor je ze vragen. 'En kunnen wij die opmeten?' Dan wijst de directeur om zich heen, omdat de hele tent één grote nooduitgang is. Even het doek optillen en je staat buiten. Maar daar neemt de brandweer geen genoegen mee want niet iedereen kan snel onder de tribunes schieten en even onder het zeil door kruipen. Als alles is goedgekeurd geeft de brandweercommandant toestemming om die avond te mogen spelen.

Daarna komt ook de milieupolitie een kijkje nemen of de directeur wel een milieuvergunning heeft: waar gaat de paardenpoep naartoe? Wordt het huisvuil van de woonwagens wel netjes opgeborgen? Loopt er geen afwaswater de straat op? Lekken de motoren geen dieselolie? Soms komt zelfs de dierenbescherming controleren of de dieren het wel goed hebben. Als de directeur geen steekje heeft laten vallen, mag het publiek naar binnen en kan de voorstelling beginnen.

Het is een heel karwei om iedereen te vriend te houden. Zo

*KNOR* is de allernieuwste actiegroep voor dieren-rechten. Opgericht in 2002. Vrijwilligers delen posters en pamfletten uit op circusterreinen. Na de voorstelling staan ze klaar met spandoeken waarop te lezen staat: *plezier zonder dier*. De leden van KNOR zeggen dat dieren niet vrijwillig voor het circus kiezen en dat je ze met rust moet laten.

kan het gebeuren dat alles perfect loopt, maar dat er aan het eind van de voorstelling toch een norse mevrouw of meneer bij de uitgang van de tent op de directeur staat te wachten. Wat nu weer? Die man of vrouw is van de arbeidsinspectie en wil weten waarom er geen vangnet onder het hoge koord hangt. De directeur legt uit dat de koorddanser net zo makkelijk over het koord loopt als gewone mensen op de stoep. Het circusbedrijf is nu eenmaal iets anders dan een bouwbedrijf. De artiesten kunnen echt geen salto maken met een valhelm op en de leeuwen muilkorven is ook geen gezicht. Risico's horen erbij.

Toch is het goed dat de inspecteur alles in de gaten houdt, want wie krijgt de schuld als er toch een ongeluk gebeurt? De artiest zelf? De directeur? De burgemeester die voor alles toestemming heeft gegeven? Soms is dat een heel gedoe en daarom moet alles, maar dan ook alles, grondig worden gecontroleerd.

Voor al die controles en vergunningen moet de circusdirecteur flink betalen. Drie euro per reclamebord, 750 euro om ergens je tent te mogen opzetten, vijfenzeventig euro voor een papiertje waarop staat dat je in de pauze bier mag tappen, 150 euro als het circusorkest 'Dromen zijn bedrog' van Marco Borsato speelt. Daarnaast moet de directeur natuurlijk zijn artiesten betalen en ook het voer voor de dieren. Een circus is een kostbaar bezit. Als het publiek niet komt opdagen is de bodem van de kassa zo in zicht.

Er is bijna geen land in Europa dat geld geeft aan het circus. De meeste regeringen vinden namelijk dat circus geen kunst is. Musea, theaters en concertgebouwen krijgen wel geld, dat is cultuur, maar circus is vermaak, net zo als het tropisch zwemparadijs. Je zou zeggen dat circusmensen daarom spuugbeledigd zijn, maar zo is het niet. Omdat ze geen geld krijgen van de minister van culturele zaken mogen ze hun eigen voorstellingen maken zonder dat iemand zich ermee bemoeit. Ze zien het al voor zich, dan staat er in een brief van het ministerie dat ze voor hun volgende programma Japanse zwaardvechters moeten uitnodigen omdat toevallig de Japanse keizer op staatsbezoek komt. Daar moet niemand aan denken, dan maar een beetje minder geld, maar vrijheid staat bovenaan.

In Italië krijgen de circussen wel geld, want volgens de Italianen is circus KUNST met grote letters, net als boeken, films en schilderijen. Het resultaat is dat de circussen er prachtig uitzien. Er is geld genoeg voor de nieuwste tenten en tribunes. Maar het programma is er niet altijd beter, want je kunt tien Arabische hengsten tegelijk laten steigeren, of je kunt het niet. Dat heeft niks met geld te maken, maar alles met een ander soort kunst: dresseerkunst.

In Zwitserland gaat het weer anders toe. Daar zorgt de regering niet voor een volle buidel met geld, maar het publiek. Ze houden zo van hun beroemde circus Knie, dat veel pleinen vaste ankerpunten hebben waar de tent aan kan worden bevestigd. De familie Knie wordt behandeld alsof ze van hoge adel is. Anders dan in alle andere landen is bij de première, de eerste voorstelling in het seizoen, de hele pers aanwezig: radio, kranten en tv. Dus toch, een mediacircus in een circus, het bestaat.

In Vlaanderen is het circus sinds 2002 wel cultuur, en daarom krijgen circussen geld van de regering. Maar alleen dan als ze echt Vlaams zijn. De spreekstalmeester moet Nederlands spreken en bijna alle optredens moeten in Vlaanderen en Brussel plaatsvinden. Het lastige is dat circus juist internationaal is en er veel buitenlandse artiesten optreden.

# 8

# Listige slurven

'Hé jullie! Ja, inderdaad, jullie drie, Caudy, Patra en Boni. Tuig zijn jullie. En jij Boni, jij bent wel het ergst van allemaal. Schaam je maar flink.' In de stal leunen na de middagvoorstelling drie bedeesde olifanten tegen elkaar aan. Boni staat in het midden, ze is de kleinste van het stel. Haar slurf hangt loodrecht naar beneden. Haar kop staat heel stil. De schaamte van een olifant is overweldigend. De hele stal is ermee gevuld.

Ze weet het precies. Ze heeft dingen gedaan die niet mogen. Een week geleden bleef ze in de piste een beetje achter bij de andere twee olifanten en probeerde een hapje te nemen van de suikerspin van een jongetje op de voorste rij. Nu, een week later, legde ze haar slurf al op de schoot van de eerste de beste bezoeker die ze zag zodra ze de piste binnenkwam. Ze gleed er daarna een rondje lang mee over tientallen knieën heen op zoek naar iets lekkers. Onderweg rukte ze ook nog bijna een fototoestel uit de handen van een verschrikte mevrouw. Ze kunnen goed mikken met die slurf. Als ze willen, gappen ze een piepklein stukje popcorn uit je hand. Boni heeft het publiek helemaal ontdekt. Het liefst geeft ze alle knieën iedere voorstelling een goede stofzuigbeurt.

Omar trekt al negen jaar met Caudy, Patra en Boni op. Hij verzorgt ze alsof het zijn eigen dochters zijn. De caravan waarin hij woont staat maar een paar meter van de olifantenstal vandaan. Overdag is hij altijd in de buurt en 's nachts gaat hij een paar keer kijken of alles goed met ze is. Hij hoort aan het getrompetter van Boni precies of er echt iets aan de hand is of dat ze gewoon aandacht wil.

Sinds kort is Omar niet alleen oppasser, hij treedt voor het eerst ook met de olifanten op. De olifanten kennen hun programma al jaren: Boni is negenentwintig, Patra eenendertig en Caudy is al vierenvijftig. Ze kunnen hun oefeningen wel dromen. Maar dat Omar opeens de bevelen geeft is nieuw voor ze. Ze testen hem aan alle kanten en hij komt in de piste handen te kort om al die slurven binnenboord te houden.

Boni ging vanmiddag echt te ver. Zomaar met haar slurf over al die knieën alsof het de toetsen waren van een piano. Plinkplankplonk op zoek naar iets lekkers. Tot overmaat van ramp weigerde Patra daarna op haar postament te klimmen. Vandaag is dus de grens bereikt. Omar klimt na de voorstelling op een laddertje en maakt de hoofdversieringen van de drie los terwijl hij ze boos toespreekt. Er moet eens even flink gerepeteerd worden om duidelijk te maken wie hier de baas eigenlijk is. Hij rolt een postament de stal in en maakt Patra los. Hij wijst ernaar en zegt dat ze erop moet gaan staan. Heel, heel langzaam, alsof ze haar eigen poten bijna niet kan optillen, zet Patra eerst haar linker voorpoot op het houten blad en daarna haar rechter. Het kraakt een beetje. 'Aha,' zegt Omar. 'Je denkt natuurlijk, het kraakt, dus ik val er zo doorheen. Je zakt er niet doorheen. Je stelt je aan. Hup die achterpoten moeten er ook nog bij.'

Patra staat uiteindelijk doodstil bovenop haar sokkel. 'En nu lift,' commandeert Omar. 'Lift! Lift!' Hij geeft Patra een tikje tegen haar rechter voorpoot en linker achterpoot. Ze tilt ze allebei tegelijk op. 'Braaf, zie je dat je er niet doorheen zakt?' Hij geeft Patra een suikerklontje. Daarna is Boni aan de beurt. Ze is nog steeds heel stil. Olifanten hebben een goed geheugen, dus het duurt een tijdje voor ze hun schaamte kwijt zijn.

In het circus worden bijna altijd Indische olifanten gebruikt

en zelden Afrikaanse. Dat komt omdat Indische olifanten
al eeuwen worden gebruikt als werkdieren in de bosbouw
in India en Thailand. Ze slepen er met bomen en takken of
het niets is. Het zijn een soort werkpaarden, maar dan drie

keer zo groot en tien keer zo sterk. Die Indische olifanten zijn al zó lang geleden getemd, dat het samenwerken met de mens ze in het bloed zit. Dat maakt ze geschikt voor het circusleven. Hun Afrikaanse nichten en neven zijn daarbij

vergeleken een stel wilderiken waar bijna niets mee te beginnen valt.

Van de Indische olifanten werken vooral de vrouwtjes in het circus en niet de mannetjes, zoals bij de paarden. De mannetjes zijn wat woester dan de vrouwtjes en er hoeft maar iets te veel vuur in die slurf te zitten en de hele tent wordt overhoop gehaald. En niet alleen de tent, ook alles wat daar buiten staat. Als ze namelijk flink op drift zijn is er geen houden meer aan.

De olifanten kwamen een eeuw later in de piste dan de paarden. Een van de eerste beroemde olifanten was Jumbo. Een groot Amerikaans circus kocht hem van een dierentuin in Londen voor verschrikkelijk veel geld. De directeuren zetten hem op een boot en voor de Engelsen het wisten waren ze hun olifant kwijt. Het werd een echte rel, want Jumbo was de lieveling van alle dierentuinbezoekers. Zelfs de koningin van Engeland ging zich ermee bemoeien en eiste Jumbo terug. Maar de Amerikanen zeiden: 'Gekocht is gekocht, dat hadden jullie dan maar eerder moeten bedenken.'

Jumbo werd een echte hit. Hij reisde in Amerika van kust naar kust en verdiende zo veel geld voor zijn bazen dat ze binnen de kortste keren nog wel tien van die Jumbo's hadden kunnen kopen. Hij leefde niet lang. Een trein reed hem na een paar jaar ondersteboven toen hij op het spoor liep. Dat was in het jaar 1885. Na het succes van Jumbo wilde iedereen een olifant in zijn circus. En zo gebeurde het ook. Hoe meer olifanten een circus kon houden hoe belangrijker dat circus was. Sommige hadden er op goed moment wel meer dan dertig. Tegenwoordig doen de circussen het heel wat rustiger aan: zes olifanten in de piste is al meer dan genoeg, vinden ze.

Nog geen vijftig jaar geleden hielpen de meeste olifanten mee met de opbouw van de tent. Ze konden sjouwen als geen ander en ze waren stukken goedkoper en sneller dan

India was ooit een kolonie van Engeland. Veel mensen spraken er Engels, dus alle werkolifanten werden daar in het Engels gedresseerd. Dat is de reden dat ook nu nog veel commando's in het Engels worden gegeven.

Olifanten hebben veel beweging nodig. In de natuur lopen ze iedere dag vele kilometers op zoek naar gras, bomen en water. De rondjes in de piste zijn voor circusolifanten dan ook niet genoeg. Daarom gaat de verzorger bij mooi weer een eindje met ze wandelen, staart aan slurf aan staart.

tractors. Ze gingen ook zelden kapot. En als de tent eenmaal stond, trok het hele circus, clowns, paarden en ook de olifanten, in een optocht door de stad. Dat was nog eens reclame maken, want veel mensen hadden in die tijd nog nooit zo'n groot beest gezien. Er was geen televisie en de dierentuin was meestal te ver weg of niet te betalen. Iedereen was verschrikkelijk onder de indruk van die grijze reuzen.

En om die indruk nog wat groter te maken liet er ooit een circusdirecteur in iedere plaats waar hij kwam een van zijn wagens zogenaamd kapot gaan op het drukste kruispunt van de stad. 'Geen probleem,' zei hij dan tegen de drommen mensen die eromheen stonden. 'Daar halen wij even een olifantje bij.' En dan liet hij een van zijn dieren de wagen weer op weg duwen onder luid applaus van het publiek. Die avond zou zijn tent vast en zeker weer vol zitten.

Olifanten zijn niet zo elegant, zo spetterend en sierlijk als paarden. Ze zijn eerder lomp als ze in hun te grote rimpelige slobberjas door de piste sjouwen. Een beetje traag, een beetje duf, een beetje al te rafelig. Maar ho! Ze kunnen veel meer dan paarden. Laat ze maar eens los in een weitje en je ziet het direct. Ze buitelen over elkaar heen. Ze staan op hun kop als ze zich daar eens lekker willen schuren en als het moet gaan ze op één achterpoot staan om een sappig takje te kunnen grijpen. Een paard zie je dat allemaal niet doen.

En dan is er ook nog die slurf waar ze zo veel mee kunnen. Het liefst steken ze alles wat ze te pakken krijgen in hun bek, net als kleine kinderen. Maar als je ze leert dat dat niet mag, kun je olifanten dingen laten wegnemen die ze later weer moeten teruggeven. Of je leert ze mondharmonica spelen. Ze blazen dan heel hard door hun slurf in dat ijzeren instrumentje terwijl ze ermee door de lucht zwaaien. Er zijn olifanten die kunnen fietsen, die kunnen dansen, die

Net als olifanten moeten ook beren in de natuur heel veel kilometers maken om hun energie een beetje kwijt te kunnen. Ze zijn de hele dag bezig met voedsel zoeken. Circusberen moeten de hele dag in hun kooi blijven omdat ze veel te gevaarlijk zijn om mee over straat te gaan. Dat is de reden waarom veel circussen geen berennummers meer laten zien. Zielig, zeggen ze.

kunnen zitten en zelfs was er een olifant die met een servet om haar nek keurig aan tafel zat te eten.

Als het even kan dragen ze iemand op hun rug, of beter nog, dragen ze een danseres mee in hun slurf die zich loom uitstrekt alsof het een hangmat is. Als je het ziet wil je dat ook. Om in die luie wiegende cadans te worden meegevoerd. Liefst zo de piste uit en de wereld in. Maar dan moet die olifant wel betrouwbaar zijn en heel voorzichtig. En dat kan je van Caudy, Patra en Boni niet zeggen.

Van de drie mooie danseressen die op hun rug zaten is er nog maar één over. De andere twee durven er niet meer op. Al in de eerste week van hun optreden met Omar schudde eerst Boni net zo lang tot de danseres die op haar rug zat in het zaagsel lag en daarna begon ook Patra met schudden. Niks wiegende cadans, maar een aardbeving onder je billen en alleen een stel flapperende oren om je aan vast te houden.

Eigenlijk zou Omar nu net zo lang moeten repeteren tot die twee het uit hun kop lieten om hun berijdsters van zich af te gooien, maar niemand wil proefkonijn zijn en rodeo doen op Boni en Patra. De enige die er nu nog bovenop klimt is Omar zelf. Niet om een stukje te gaan rijden, maar om ze te boenen met een borstel. Dat moet, bijna elke dag. Want ze maken zich smerig zo gauw ze kunnen. Ze gooien slurven vol modder over zich heen als ze de kans krijgen. Dat is goed voor hun huid, dus Omar laat ze maar gaan, ook al moet hij daarna weer flink poetsen.

Als er genoeg plaats is op het circusterrein maakt hij een weitje met paaltjes en draad. Dat is een feest. Met hun poten stampen de olifanten het gras kapot en smijten daarna met klonten aarde om zich heen. Ze rollen en schuren en wrijven tot ze van top tot teen bedekt zijn met een laagje klei. Na een paar minuten is het grasveld een ravage. Als het circus de volgende dag vertrekt ziet dat weitje eruit als een maanlandschap.

Ruim voor de volgende voorstelling moeten de olifanten het weitje verlaten en terug naar hun stal. Een ketting om hun voorpoot en een om hun achterpoot. Daarna rolt Omar een dikke slang uit en zet de kraan open. Zo spuit hij ze weer schoon. Ze kunnen natuurlijk niet ongewassen de piste in. Meestal wordt het een heel waterballet, want de olifanten willen alle drie meehelpen met wassen. Ze zetten een voor een hun slurf op het uiteinde van de slang en laten het water erin stromen. Als de slurf vol zit spuiten ze hem meteen weer leeg tegen hun buik of op hun rug en links en rechts tegen hun zij. Het liefst gaan ze er uren mee door. Hun grijze vel druipt. Tussen de rimpels glijden kleine stroompjes naar beneden. Caudy wil het meeste water. Als ze niet snel genoeg een nieuwe portie krijgt slaat ze haar slurf om Omars been en trekt hem naar zich toe.

Dit waterfestijn kan alleen als het buiten niet te koud is, anders worden ze ziek. Ze hebben misschien wel een dikke huid, maar een beetje te veel tocht, kou of nattigheid en ze zijn direct geveld door de griep. Dus Omar let heel goed op. Want een olifant met een verstopte slurf voelt zich zo akelig dat ze dagen en dagen niet kan optreden.

Na de avondvoorstelling krijgen ze altijd nog wat te drinken. Omar vult een ton met water en direct haken er drie slurven aan de rand van de ton. Alle drie de olifanten willen hem naar zich toe trekken. 'Alsjeblieft,' zegt Omar. 'Laat die ton staan.' Ze luisteren niet. In plaats daarvan wil Patra de hele slang voor zichzelf. Ze duwt haar slurf in de straal en zuigt al het water op. Intussen blaast Boni belletjes in de ton. Caudy werpt haar slurf in de lucht en er komt een oorverdovend geschreeuw uit haar keel. 'Ja jij krijgt ook,' zegt Omar en hij stuurt de waterstraal direct naar haar bek. De olifanten drinken alsof ze drie dagen door een uitgedroogde steppe hebben gemarcheerd. Hun buiken zwellen langzaam op.

Als de nacht valt, maakt Omar een bed voor ze. Balen en

Het liefst eten en drinken olifanten de hele dag. Er gaat zeker 150 liter water op een dag naar binnen. En verder tientallen kilo's hooi, kilo's brood, en dan nog zeker tien kilo wortels, fruit, gras en wat ze verder nog aan groen te pakken kunnen krijgen. Dat moet ook wel, want ze wegen zo'n vierduizend kilo.

balen met hooi schudt hij voor hen uit. Ze trekken de pluk-
ken naar zich toe en steken die in hun bek. De rest gooien
ze om zich heen. Straks gaan er twee slapen en houdt er een
de wacht. Zo lossen ze elkaar steeds af. Omar zegt ze welterusten. Hij knuffelt alle slurven. Hij kietelt ze in hun zij. Hij
zegt: 'Jullie zijn echt verschrikkelijk.' De olifanten wiegen
hun koppen van links naar rechts. 'Jawel,' zegt hij. 'Verschrikkelijk.' Boni trompettert héél zacht. Fiet! Dat is alles
wat je hoort. Ze wil nog cen extra aai. Ze is haar schaamte
vergeten. Omar schudt zijn hoofd. Slurventuig, dat is het.

# 9
# De hoogte in

'Waar is het plafond?'

'Plafond?'

'Ja, plafond, het dak maar dan vanbinnen.'

Mo pakt het been van Adnan beet. Het moet omhoog wijzen in plaats van naar voren. Adnan staat op zijn hoofd. Zijn Nederlands is nog niet zo goed. Mo tikt voorzichtig zijn been recht.

'Ah, plafond,' zegt Adnan.

'Goed zo,' zegt Mo.

Als je circusartiest wilt worden moet je twee dingen tegelijk kunnen doen: je benen strekken en Nederlands leren, ook al sta je op je kop.

Adnan zit samen met acht anderen op de circusschool in Leeuwarden, de enige school in Nederland waar je kunt leren voor circusartiest. Er staat zachte muziek op en de leerlingen doen hun oefeningen verspreid in de grote gymzaal. Henri gooit zes ballen door de lucht, Karin balanceert op de rola-rola, Hanna oefent de handstandoverslag, Fido rijdt op een fiets over het slappe koord en Adnan staat dus op zijn hoofd. De rest hangt aan de trapeze of slalomt op de eenwieler.

De school is nieuw, hij bestaat nog maar een paar jaar en heet Circusschool De hoogte. Mo en Peke geven er les. Vroeger vormden ze samen de Harris sisters, maar op een dag vonden ze zichzelf als acrobaat te oud. Als je vijfenveertig bent is het wel genoeg geweest, dan stuur je liever iemand anders de hoogte in.

'Ik ben verschrikkelijk stijf,' zegt Mo. 'Ik ken een artiest

In andere landen zijn ook circusscholen te vinden. In Frankrijk bijvoorbeeld, in België, Canada en Hongarije. Maar de bekendste is misschien wel de circusschool van Moskou. Drieduizend studenten schrijven zich er elk jaar in en alleen de besten mogen de opleiding volgen.

en die wist maar niet van ophouden. Op een dag kwam hij niet meer overeind toen hij ondersteboven aan een houten ladder hing waarop hij balanceerde. Anderen hebben hem naar beneden moeten tillen. Zoiets wilde ik echt niet meemaken, je moet op tijd stoppen.' Met die stijfheid van Mo valt het wel mee. Ze schuift Adnan opzij en doet voor hoe je zonder handen op je hoofd moet staan met je benen kaarsrecht omhoog naar het plafond.

De les begint iedere dag om negen uur met een warming-up. Rekken, strekken en touwtjespringen zodat je spieren goed warm worden. Daarna krijgen de leerlingen gezamenlijk ballet, handstandles of ze gaan een uurtje oefenen op de mat: salto's, flikflaks en radslagen links- en rechtsom, met twee handen en met een. De rest van de ochtend volgt iedereen een eigen schema. Dat komt ten eerste omdat er geen negen mensen op het koord passen en ten tweede omdat de ene leerling vooral het jongleren onder de knie wil krijgen en de ander de trapeze. Ze krijgen daarom een groot deel van de dag apart les.

Er zijn geen verschillende lokalen voor eerstejaars en tweedejaars, zo kunnen Mo en Peke iedereen goed in de gaten houden. In het eerste jaar van de opleiding moeten de leerlingen alle circustrucs leren, van acrobatiek tot koorddansen, van jongleren tot op je handen staan. Als je dag in dag uit met al die dingen bezig bent, ontdek je waar je goed in bent en wat je leuk vindt. Dat wordt dan je specialiteit. In het tweede jaar van de circusschool ga je je daarin extra oefenen en in het derde en laatste jaar zorg je dat je perfect wordt.

Als je hebt gekozen voor koorddansen, zoals Adnan, dan kun je je na drie jaar circusschool aanmelden bij een echt circus als artiest op de draad. Maar ook al heb je bij draadlopen vooral je voeten nodig, je moet ook zonder handen stil op je hoofd kunnen staan. Evenwicht en concentratie,

daar gaat het om. Adnan probeert het nog een keer. Zijn hoofd loopt rood aan, de spieren in zijn nek zijn gespannen, zijn benen en armen maaien door de lucht. Het is een vreemd gezicht: in het circus lijkt het altijd of alles vanzelf gaat. De artiesten staan op hun hoofd of het niets is. Ze jongleren, ze draaien salto's, ze klimmen op elkaar of ze nooit anders hebben gedaan. In deze oefenzaal zie je dat je verschrikkelijk veel geduld moet hebben, dat je moet oefenen tot je erbij neervalt, dat je nooit en te nimmer mag opgeven als je later bij het circus wilt.

Telkens weer lijkt het of de nationaliteiten in de circuswereld niet meetellen. Iedereen komt ergens anders vandaan, alle werelddelen doen mee, ook op de circusschool. Als je het circus in je hart draagt, dan staat er in je paspoort vanzelf Circusland. Niemand vraagt waar je vandaan komt. Ze willen hooguit weten welke taal je het liefst spreekt.

Adnan was zeven jaar toen hij voor het eerst een circus zag. Op de televisie, niet in het echt, want in Irak, waar hij woonde, trokken geen circussen rond. Niet lang geleden moest hij zijn land verlaten, omdat hij Koerdisch is. Hij vluchtte naar Nederland. Hij zocht bescherming, hij wilde een plek hebben om te wonen, hij wilde zich veilig voelen in een land waar niemand hem zou achtervolgen.

Voelde hij het? Rook hij het? Hoorde hij het? Vlakbij zijn nieuwe woonplaats stond een circusschool. Adnan weet niet meer of hij ernaartoe gevlogen is, of dat hij gewoon is gaan lopen. In ieder geval werd hij er direct aangenomen als een van de eerste leerlingen. Eindelijk was hij ergens thuis. Mo en Peke werden zijn nieuwe moeders en de leerlingen zijn broers en zusjes.

De eerste dag op school was als een droom. Daar stonden in alle hoeken van die enorme zaal de circusattributen die hij herkende van de televisie, van plaatjes, van verhalen. Vlak boven de vloer was een draad gespannen en tegen de

De circusschool wordt in Nederland niet als officiële school erkend, maar in Moskou en Parijs staan scholen die wel geld krijgen en daarom kunnen ze beroemde circusartiesten in dienst nemen om les te geven. De studenten daar hebben voor alle vakken dus aparte leraren.

Veertig jaar geleden reisden er drieënzeventig circussen door de Sovjet Unie. En alle dagen waren de voorstellingen uitverkocht. De mensen keken liever naar een circusshow dan naar sport.

rekken stonden wel tien eenwielige fietsjes klaar. Aan de muur hingen gekleurde ringen en zilveren kegels, en op de grond ervoor lag een hele berg kleine ballen, alles om mee te jongleren. En verder touwen om aan te hangen, matten om zachtjes op neer te komen en ronde houten kogels om op te balanceren.

Het is moeilijk rustig te blijven als je na twintig jaar wachten eindelijk je wenswereld binnenstapt. Adnan wist niet waar hij moest beginnen, hij wilde alles tegelijk. Het liefst zou hij al jonglerend met zeven ballen op een eenwieler over het slappe koord zijn gereden. Maar nee, Adnan moest als ieder ander beginnen bij het begin, een beetje van dit, een beetje van dat. Voetje voor voetje over de draad, bal voor bal in de lucht.

Om één uur is het pauze. In de keuken zetten de leerlingen thee. Op tafel staat brood en kaas. Het koffieapparaat pruttelt gezellig. De regen slaat keihard tegen het raam. Opeens staat Peke middenin de keuken te zingen. Ze kijkt naar Fido: 'Happy birthday to you.' Iedereen zingt mee. Maar Fido zegt dat hij helemaal niet jarig is. Daar trekt niemand zich iets van aan. 'Het is je eerste circusverjaardag,' zegt Peke. 'Het is vandaag precies een jaar geleden dat je bij ons begon.'

Fido komt uit Duitsland, hij woonde min of meer op straat toen hij hoorde praten over de circusschool in Leeuwarden. Hij verdiende zijn geld met theater, met schilderen, met van alles en nog wat. Maar eigenlijk had hij daar zo langzamerhand genoeg van. Een circusschool, wat geweldig. Hij ging de wereld direct met andere ogen bekijken. De volgende dag stapte hij in zijn auto en reed in een keer van Leipzig naar Leeuwarden. Niemand deed open toen hij aanbelde, en twee uur later ook niet. En de volgende dag niet en de dag daarop niet. Fido begon zich net wanhopig af te vragen of hij die duizend kilometer voor niets had gereden toen iemand hem op de schouder tikte: 'Het is vakantie, wist je dat niet?' De man nam Fido mee naar huis, gaf hem eten en een bed, en belde Mo en Peke.

Fido woont nu samen met de andere jongens van de circusschool in Leeuwarden. Zijn grote liefde heeft hij in de tuin gehangen: een slap koord van boom naar boom. Als hij vrij heeft balanceert hij erop, met of zonder fiets. 'Circus is kunst,' zegt hij. 'Een schilder heeft een penseel, een muzikant een piano of gitaar, en een circusartiest heeft een lichaam en fantasie.' De anderen knikken. Een sporter doet iedere dag hetzelfde. De ene dag gaat de honderd meter sprint een beetje sneller dan de andere dag, maar er is nooit eens iemand die zegt: vandaag ren ik hem op stelten, of op mijn handen. En de regels voor tennis veranderen ook nooit. Altijd maar dat racket en diezelfde gele bal. In het circus moet je iedere keer iets nieuws bedenken om de mensen te verrassen. Twee keer hetzelfde en ze zeggen meteen: nou, dat hebben we al eens eerder gezien.

'Ik wil bij het publiek grote ogen zien en witte tanden,' zegt Fido.

'En ik,' zegt Henri, 'wil dit.' Hij doet zijn mond open, gooit zijn hoofd in zijn nek en zegt: 'Aaaaaaaaaaaaaaaaaaaa-aaaaaaaa.' Hij wil de mensen een paar minuten pauze geven. Ze moeten even alles vergeten, hun zorgen, hun hoofdpijn, hun huiswerk. Hij houdt zes versleten jongleerballetjes in zijn handen en gooit ze zo nu en dan de hoogte in. Hij komt uit Brussel en is net van school. Als hij zijn proefwerk niet had geleerd, zette hij zijn pen op zijn neus in plaats van op het papier. 'Ga jij maar bij het circus,' zeiden de leraren dan. Henri hield niet van school en toen hij op een dag zei: 'Ciao, ik ga naar het circus,' was iedereen opeens in rep en roer.

'Je wordt ongelukkig,' riep de een.

'Je wordt arm,' riep de ander.

Ongelukkig en arm, Henri haalt zijn schouders op. 'Mijn

Bij het horen van de naam Cirque du Soleil kunnen de meeste leerlingen alleen maar verlangend zuchten. Het komt uit Canada en het reist als een van de weinige circussen de hele wereld over. De voorstelling van Cirque du Soleil bestaat uit acrobatiek, theater en zang. Er treden geen dieren op. Sommige mensen zeggen dat het daarom geen circus is, maar totaaltheater

Het Cirque du Soleil bestaat sinds 1984. Het is misschien wel de grootste reizende circus-attractie ter wereld van dit moment. Het duurt tien dagen om de tent op te bouwen. Er zijn 450 tentharingen nodig en er ligt dertig kilometer aan kabels over de grond. Als het ergens is neergestreken blijft het minstens een hele maand staan.

doel is zeven ballen. Als ik dat kan koop ik een caravan en ga ervandoor.'

Ervandoor gaan, dat hoort een beetje bij het circus. Iedere keer weer op zoek naar een nieuw publiek. Kriskras de wereld over. Mo en Peke deden het. Alle leerlingen willen het. Alleen Adnan kijkt er somber bij. Kort geleden hoorde hij dat er geen plaats is voor hem in Nederland. Hij moest terug naar Irak. Maar in Irak zeggen ze: jij hoort hier niet, jij bent een Koerd. Maar Koerdistan is net als Circusland een droomland. Een plek om naar te verlangen en om over te fantaseren, maar er is geen trein die er stopt.

Op een dag ging de deur naar Adnans kamer niet meer open. Er zat iemand anders in met een nieuwe sleutel op zak. Peke is gaan praten, en Mo, en nog veel meer mensen maar Adnan moest weg. Weg uit Nederland, weg van de circusschool. Hij is de beste van de klas. Adnan ademt circus.

De jongens hebben hem toen in hun huis verstopt. Adnan komt elke dag naar school. Mo en Peke zamelen iedere maand geld voor hem in. Zelfs de kinderen die op woensdagmiddag en in het weekend een circuscursus volgen storten geld op die speciale rekening. Ze vinden Adnan aardig, omdat hij ze helpt op het koord te lopen.

Het is twee uur en de acrobatiekles gaat beginnen. Adnan ligt met zijn buik op Fido's voeten. Hij spreidt zijn armen, zo lijkt het of hij vliegt. Ze oefenen voor een voorstelling in Zweden. De hele school is uitgenodigd. 'We nemen Adnan mee in een koffer,' roepen Mo en Peke. Maar Adnan lacht. Hij weet dat hij niet mee kan, want alleen met een paspoort uit Circusland kom je niet verder dan de drempel van de school.

# Zolang er clowns zijn

Dit verhaal doet al heel lang de ronde: bij de dokter zit een man. Hij voelt zich helemaal niet lekker. Hij weet niet wat er met hem aan de hand is, maar hij is moe en treurig en hij heeft nergens zin in. De dokter onderzoekt hem: ''t Spijt me meneer, maar ik kan niets vinden.' De man schudt langzaam zijn hoofd: 'Ik zie het niet meer zitten dokter, u moet echt iets doen.' 'Weet u wat?' zegt de dokter tenslotte. 'Het circus is in de stad. Gaat u vanavond kijken en de beroemde clown Grimaldi zal u wel opvrolijken.' De man staat op geeft de dokter een hand en zegt: 'Ik ben Grimaldi.'

Niet alleen over de grote Grimaldi maar ook over de minstens even grote clown Grock gaat zo'n verhaal. Alleen zat Grock in een café te treuren toen de bezorgde serveerster zei dat hij maar naar het circus moest. Daar zou Grock hem wel aan het lachen krijgen. Het enige wat Grock toen kon doen was nog maar een borreltje bestellen.

Misschien zijn deze verhalen waar gebeurd. Waarom niet? Niemand herkent een clown in zijn gewone kleren, hoe beroemd hij ook is. En het kan best dat een clown die de hele tijd bezig moet zijn het publiek aan het lachen te krijgen zelf ook eens opgepept wil worden. Clowns zijn niet altijd vrolijk. Er zijn zelfs mensen die het tegenovergestelde zeggen: dat clowns eerder somber zijn dan opgewekt. En dat ze alleen maar tijdens hun optreden grappig zijn en blij, om daarna weer weg te duiken in kommer en kwel.

Waarschijnlijk is het zo dat clowns net als andere mensen zijn: de ene keer wat gelukkiger dan de andere keer. Het is alleen niet de bedoeling dat ze op dagen dat ze ongelukkig zijn gaan zitten somberen in de piste. En als je een clown treft die dat wel doet, doet hij dat expres om de mensen aan het lachen te maken.

Clowns zijn er al sinds mensenheugenis. Dat komt omdat de mensen graag lachen. Lachen is fijn. Meestal lach je samen met iemand, of je lacht om iemand. Het is lastig om in je eentje een lachbui te krijgen. Daar heb je dus een ander voor nodig. En daarom zijn veel mensen gek op komieken, op grappenmakers, op clowns, op mensen die voor hun beroep anderen laten schateren.

Vroeger, in de donkere dagen van de Middeleeuwen, had iedere koning of prins wel een hofnar in zijn paleis rondlopen. Als de pest weer eens de halve stad had uitgeroeid, of een kwart van de soldaten in een oorlog was geveld, dan viel er voor de koning en zijn gevolg weinig te lachen. Maar met treuren kom je ook niet ver, dus liet de koning zijn hofnar aantreden om hem te vermaken.

En dat doet de clown in het circus ook. Hij laat de mensen lachen nadat ze vol spanning naar de leeuwen, de koorddansers en de voetenjongleurs hebben zitten kijken. Hij brengt weer lucht in de longen van het publiek. En dat is hard nodig omdat ze even daarvoor minstens de helft van de tijd vergaten te ademen.

Als je het goed bekijkt is het eigenlijk een raar beroep. Wie wil er nu op commando grapjes maken met een veel te groot pak aan, een rode neus en een pruik op en met megaschoenen aan je voeten. En dan nog zo'n laag schmink op je wangen. Je bent niet mooi, niet stoer. Je bent een domkop in plaats van een held. Veel meisjes staan er na de voorstelling in ieder geval niet op je te wachten, want die zien liever de dompteur of de jongleur. En toch moeten clowns net zo hard trainen als de andere artiesten. Heel achteloos zetten ze wat spullen op elkaar om er daarna onhandig en

Zo'n vijfhonderd jaar geleden spraken de mensen in Engeland van *cloine* als ze een onhandige stoethaspel tegenkwamen. Waarschijnlijk komt daar het woord 'clown' vandaan.

met veel gewiebel bovenop te klimmen. Dat is net zo moeilijk als draadlopen, maar zo ziet het er niet uit. En wat te denken van hun conditie. IJzersterk moet die zijn. Al dat geval, dat gestruikel, dat overeind krabbelen. Al dat gooien-smijtwerk. Al dat geren en gezigzag door de piste. En dat niet één keer per voorstelling, zoals de meeste artiesten, maar wel vier of vijf keer per voorstelling. Want de clowns komen in de meeste circussen steeds weer terug om het publiek even bezig te houden. Bijvoorbeeld wanneer de leeuwenkooi wordt afgebroken en als er apparaten voor het volgende nummer worden klaargezet.

Kies je ervoor clown te worden of ben je het gewoon? 'Kijk,' zegt Joop Teuteberg. 'Het is net als bij banketbakkerskinderen. Die groeien op in de bakkerij en ze worden later zelf ook banketbakker. Mijn ouders woonden in het circus en mijn vader was clown. Begrijp je? Zo gaat dat.' Joop hield van kattenkwaad vroeger, van liedjes maken, van mensen nadoen, van anderen aan het lachen maken. Maar dat is alleen een begin. Je moet heel veel leren voor je een goede clown bent. Je moet bijvoorbeeld grapjes kunnen maken die voor kinderen én volwassenen leuk zijn. Kinderen hebben namelijk een andere humor dan grote mensen.

Je moet ook heel goed aanvoelen wanneer je maar beter kunt ophouden. Als je merkt dat een grapje niet werkt moet je ter plekke iets anders verzinnen. Sommige clowns gaan te lang door en dan lacht er op het laatst niemand meer. Dan zit je met zo'n dooie tent en dat is echt het allerergste wat een clown kan overkomen.

Joop moest een keer optreden in Duitsland. Daar zijn ze nogal precies. 'Acht minuten,' zei de directeur. Maar na drie minuten had Joop het al gezien. Hij grapte er nog twee minuten bij maar de mensen bleven heel serieus kijken. Toen verliet hij de piste. Drie minuten te vroeg. De directeur riep hem na de voorstelling op het matje: 'Ja, ja, Herr Toiteberk, zo gaat dat hier niet. Acht minuten is acht minuten.' Maar

Clowns moeten altijd paraat staan. Als er iets misgaat tijdens het programma of er valt onverwacht een nummer uit, dan moeten ze direct de piste in om het publiek bezig te houden tot het programma verder kan gaan.

Joop zei: 'Herr Direktor, er lachte niemand!' 'Sssssssssssst,' zei de directeur. 'Morgen acht minuten, verstanden?'

Maar Joop heeft ook wel eens meegemaakt dat het publiek zo bleef gieren dat de directeur besloot de jongleur vrij te geven zodat Joop nog een kwartier door kon gaan. Je weet het van tevoren niet. Je weet het pas als je binnen bent. Een goede clown voelt zijn publiek aan. Hij weet direct: deze mensen kan ik met een ballonnetje inpakken of nu moet ik mijn hele trukendoos overhoop halen voordat ik succes heb. Als het echt heel moeilijk wordt, concentreert Joop zich op twee mensen vooraan in het publiek. Als hij die meekrijgt, komt de rest vaak ook wel.

In de clownswereld gaan veel verhalen. Iedereen vertelt ze elkaar na en na en na tot niemand meer weet wat de waarheid is. Misschien hebben de clowns de verhalen zelf wel bedacht. Wat Grock en Grimaldi overkwam bijvoorbeeld in het café en bij de dokter, of wat Tom Belling op een dag gebeurde. Hij was acrobaat op het paard. Serieus in de piste, maar een grapjas achter het gordijn. Op een avond trok hij voor zijn optreden een pak aan dat veel te groot voor hem was. Hij huppelde ermee door de stal en maakte alle andere artiesten aan het lachen. Behalve de directeur, die was woedend. 'Ben je gek geworden jij! We zitten middenin de voorstelling.' Hij rende achter Tom aan en die kon alleen ontsnappen via het gordijn. Tom belandde in de piste en struikelde eerst over de rand en daarna struikelde hij over zijn veel te lange broekspijpen. De directeur stond woest te wenken langs de kant terwijl Tom het zaagsel van zijn kleren klopte. Het publiek kwam niet meer bij. Ze joelden en juichten en een jochie op de eerste rij riep zomaar 'August, August!' naar die wanhopige Tom. Sindsdien heet een onhandige clown een domme August. En Tom Belling hoefde van de directeur nooit meer op een paard te klimmen. Hij moest avond aan avond de domme August spelen met veel te grote kleren aan.

Een van de beroemdste clowns is Oleg Popov. Hij komt uit Rusland, waar hij veel geld verdiende toen het circus er hoogtijdagen kende. Toen hij in Duitsland ging wonen moest hij helemaal opnieuw beginnen. Hij is al over de zeventig.

Het is lastig om een goeie domme clown te zijn. Er was zelfs een circusdirecteur die zei: 'Er zijn maar weinig mensen die zo intelligent zijn dat ze een domme clown kunnen spelen.' Tegenover die domme clown staat in de piste vaak een zogenaamde slimme clown. Die wordt ook wel witte clown genoemd omdat zijn gezicht wit is geschminkt.

'Het is een gave,' zegt Joop. 'Ik heb die gave. Als ik de piste betreed weet ik na een paar meter hoe ik me moet gedragen, omdat ik dan al precies in de gaten heb hoe het zit met het publiek.' Joop komt dus nooit twee keer op dezelfde manier binnen. En dat is een groot verschil met de acrobaten. Die weten vooraf precies wat ze moeten doen. Clowns niet.

Er zijn clowns die ieder jaar weer een nieuw nummer in elkaar moeten zetten omdat ze steevast bij hetzelfde circus werken. En ieder seizoen moet dat circus met een nieuw programma komen. Dat is heel erg moeilijk. Want net als het oude nummer goed begint te werken en je grapjes zitten gebeiteld, dan moet je weer iets nieuws bedenken. Daarom zijn er ook clowns die zich specialiseren in één nummer en daarmee door de jaren heen optreden in verschillende circussen. Ze kunnen op het laatst al hun bewegingen wel dromen. En ze weten precies welke mensen op welke grapjes reageren. Bij zijn afscheidsoptreden zei de oud geworden Grock: 'Hè, het begon net lekker te lopen allemaal.' Hij had zijn nummer toen al duizenden keren gegeven.

Clowns gedragen zich soms of ze dronken zijn en dronken mensen hebben vaak een rode neus. Daarom zie je clowns vaak met een rode neus. Anderen zeggen dat clowns een rode neus hebben omdat ze zo vaak klappen krijgen en op hun gezicht vallen.

Meestal herken je een clown aan zijn kleren en aan de schmink. Vooral die rode neus, die grote lippen, die pruik of juist dat kale hoofd horen erbij. Er zijn ook clowns die zich niet verkleden, die zelfs niet in een circus optreden. De grootste was Charlie Chaplin. Bijna alle circusclowns houden van hem, en zien hem als hun grote voorbeeld. Nu noemen sommigen ook mister Bean als clown. Ongeschminkt, en net als Charlie Chaplin niet in het circus maar op het scherm.

Dat clowns in het circus geschminkt zijn komt omdat ook de mensen achteraan hun gezicht goed moeten kunnen zien. Maar dat niet alleen: de schmink is ook een handelsmerk. Iedere clown heeft zijn eigen gezicht. Je kunt wel zeggen dat er een soort copyright op zit. Dat betekent dat niemand jouw manier van schminken mag pikken.

Sommige clowns verbergen hun gezicht achter een dikke laag make-up. 'Dat is jammer,' zegt Joop. 'Vooral die Amerikaanse clowns doen dat. Die plamuren zich helemaal dicht. Ze maken van die grote monden en dikke wenkbrauwen. Daar zit echt geen leven meer in. En er moet gevoel in je gezicht zitten, snap je?' Joop trekt lijntjes bij zijn ogen, links en rechts. Zo krijgt hij lachrimpeltjes. De onderkant van zijn ogen maakt hij zwart. Zo worden het pretoogjes. En de bovenkant maakt hij juist wit, waardoor zijn ogen nog meer opvrolijken. Hij brengt rood aan op zijn wangen, want rode wangen betekenen dat je gezond en gelukkig bent. En verder moet je goed kijken naar de vorm van je gezicht. Die is bij iedereen anders: je kunt je flaporen bijvoorbeeld wegstoppen onder een pruik, maar je mag ze ook laten zien. Je kunt alles doen, als je gezicht maar meer gaat leven.

Naast hun eigen gezicht hebben clowns ook hun eigen spel. Het valt wel te leren, op circusscholen krijgen de leerlingen les in clownerie, maar het moet ook in je zitten. Je kunt niet zeggen: doe nooit dit! Of doe juist wel dat! Want iedere clown is anders. Je doet vanzelf de dingen die bij je passen. En of je een goede clown bent, laat het publiek je wel weten.

'Zolang de wereld blijft draaien, zullen er clowns zijn,' zegt Joop. 'Want we moeten natuurlijk wel wat te lachen hebben.' Misschien kan je het daarom maar beter omkeren: zolang er clowns zijn, zal de wereld blijven draaien. Altijd en iedere dag opnieuw.

Dan Rice (1832-1900) was een van Amerika's grootste clowns. Hij was zo beroemd dat hij kon vragen wat hij wilde en de circusdirecteuren betaalden het. Op een goed moment verdiende hij meer dan de Amerikaanse president Lincoln: duizend dollar per week.

# 11

# Het circusvirus

Ze zijn met zijn negenhonderden, de club van circusvrienden, en ze wonen door het hele land. De postbode, de bankdirecteur, de tekenares en de vrachtwagenchauffeur, ze zitten er allemaal bij. Ze praten alleen nooit over hun werk als ze elkaar zien, maar over paarden en olifanten, over tenten en woonwagens, over voorstellingen en artiesten, over het circus dus en over niets anders.

Vijftig circusvrienden zitten in de bus naar Lille in Noord-Frankrijk. Ze zijn op weg naar een circus dat vermaard is om zijn paarden. Intussen bespreken ze de voorstellingen die ze de laatste tijd hebben gezien. De nummers worden de lucht in geprezen of hoofdschuddend bekritiseerd. Dit keer krijgen de olifanten ervan langs. Iemand had namelijk een show gezien waarbij de olifanten niets deden. Ze stonden daar maar en de dompteur schreeuwde in het wilde weg commando's. Achteraf bleek dat het orkest te hard speelde, zodat de olifanten niets konden horen. Maar de circusvrienden zijn onverbiddelijk en er volgt direct een gesprek over het gehoor van olifanten.

Ze reizen samen door heel Europa. Het lijkt wel een verslaving: sommige vrienden gaan iedere maand naar een voorstelling, maar er zijn er ook bij die het maar een week uithouden zonder nieuwe show. Ze zijn besmet met het circusvirus en als je er eenmaal door bent aangestoken, raak je het niet meer kwijt.

Voor de echte circusvriend begint de voorstelling al met wachten op een leeg terrein. Bij nacht en ontij staan ze op de uitkijk. En komt de colonne vrachtwagens en caravans

eindelijk in zicht dan gaat hun bloed sneller stromen. Het spektakel kan beginnen: de opbouw van het circus.

Het is meestal nog donker wanneer de eerste palen al staan. De bouwers van de tent zijn als vogels in de weer. Het lijkt de lente wel. Af en aan, af en aan, met balken, schroeven, touwen. Ze sleuren, ze sjorren, ze slepen en de circusvriend blijft maar kijken om te zien hoe de tent zich tegen de ochtend eindelijk openvouwt als een vroege voor-jaarsbloem.

Ze vinden de opbouw van de tent vaak het allermooiste, soms nog mooier dan de voorstelling zelf. Dat komt omdat alles nog moet beginnen, net als in de lente. En terwijl ze luisteren naar het gehamer en getik, bekijken ze de wagens, het gereedschap en het tentmateriaal. Veel circusvrienden gaan op hun knieën liggen voor het nieuwe aggregaat, een machine die op diesel werkt en elektrische stroom opwekt. Ieder circus heeft er een. En bij het zien van zoveel kracht en energie raakt hun eigen hartslag ook op drift.

Intussen halen de vriendinnen van het circus hun schou-ders ervoor op. Zij kijken anders naar het circus dan de vrienden. Het gebeurt wel eens, zeggen ze, dat ze op een dia-avondje drie uur naar circuswagens en tentgereedschap moeten kijken. Dat vinden ze saai, ze zien liever paarden, koorddansers en flitsende jongleurs.

Als de bus op het circusterrein in Lille aankomt gaat de club direct alles bekijken wat los en vast zit. Het ziet er goed uit allemaal. Vooral de prachtige witte tent die zich tegen de hemel aftekent als een verlichte ijsberg krijgt veel aandacht. De vrienden wijzen, overleggen, vergelijken en knikken goedkeurend. Tijdens de voorstelling zitten ze alle vijftig bij elkaar. Het 'oooo' en 'aaaa' klinkt op hun tribune telkens net iets luider dan in de rest van de tent en sommige vrien-den lachen harder om de clowns dan alle kinderen bij el-kaar.

Een circustent gaat hier wel acht jaar mee. Maar in Spanje, waar de zon zo vaak schijnt, gaat hij maar vier jaar mee, omdat het plastic niet goed tegen zoveel hitte kan. Door al die regen bij ons blijft het materiaal lekker soepel.

82

Op de terugweg spreken ze bewonderende woorden over de paarden, de leeuwen en het orkest. Er hing een mooie sfeer, alleen er was te veel donker tussen de nummers in. De lichten bleven te lang uit voor er een nieuw nummer begon. Toen de olifanten achter het gordijn verdwenen leek het uren te duren voor de acrobaten kwamen. In die tussentijd was het donker in de tent, een paar seconden misschien, maar in ieder geval te lang voor een circusvriend.

Halverwege de rit naar huis wordt er alweer een nieuw uitstapje aangekondigd: in drie dagen vijf circussen bezoeken in Duitsland en Zwitserland. Het gonst direct alweer door de bus: wie gaat er mee? Jij? Jij? Jij? Ze zijn onvermoeibaar, het lijkt wel of hun temperatuur nooit daalt. Koorts hebben ze, tentenkoorts, zoals anderen last hebben van reiskoorts moeten zij telkens maar weer onderweg zijn naar de volgende voorstelling. En als ze niet onderweg zijn moeten ze erover praten, of ze ruilen programmaboekjes en posters. Ze houden lezingen door het hele land, en ze hebben zelfs hun eigen tijdschrift, *De Piste*, waarin ze verslag doen van hun circusbezoeken.

In het tijdschrift *De Piste* kunnen de circusvrienden precies zien waar in Europa en Amerika die maand circusvoorstellingen te zien zijn. Als ze dan met vakantie naar Denemarken gaan zien ze waar Circus Benneweis zich op dat moment bevindt. En gaan ze naar Frankrijk dan weten ze waar ze moeten zijn voor Pinder, Gruss of Bouglione.

Na het opbouwen en de voorstelling willen de meeste vrienden ook het afbreken zien. Op de lente en de zomer volgt nu eenmaal de herfst. Het heeft iets treurigs, die vallende palen, de dovende lichtjes en het zeil dat tenslotte naar beneden dwarrelt als een verschrompeld blad. Het terrein blijft daarna leeg achter. De vrienden kijken tot de laatste wagen weg is. Ze zien de gele plekken op het gras en het ruikt er nog naar olifant. Volgend jaar komt het circus weer, dat is een troost, maar zo lang kunnen de vrienden en vriendinnen niet wachten. Voor hen mag de winter niet langer duren dan twee weken, misschien een maand, maar dan moet het doek toch echt weer open bloeien en de circuszon aan de hemel staan.

# Geluk in je handen

Tak-tak-tak-tak-tak-tak-tak-tak! Dat is wat je hoort als Menno vliegensvlug de knotsen vangt en weer naar boven zwiept. Zijn handen zijn strepen in de lucht. Tak-tak-tak, knotsen van licht en blinkend metaal. Flitsend als propellers, sneller dan het licht.

Hij staat achter het gordijn en oefent. Dat moet iedere dag om het jongleren in zijn vingers te houden. Hij gooit met knotsen, ballen, ringen. Hoog en laag, langzaam en snel. Menno heeft mazzel, mazzel en talent. Hij heeft onverwacht een plekje veroverd in een beroemd Frans circus, het circus van Arlette Gruss. Hij is pas negentien jaar en in zijn handen zit veel belofte. Hij wordt een groot artiest. Dat denkt hij, dat hoopt hij, anders moet je niet beginnen aan een leven in een circus.

'De circuswereld is groot,' zegt Menno. 'Maar aan de andere kant ook heel klein. Circus is overal, in Japan, in Rusland, in Zuid-Afrika en Amerika. Maar omdat iedereen iedereen kent weet je alles van elkaar. Er hoeft ergens maar iets te gebeuren en we weten het nog dezelfde dag.'

De meeste circusartiesten werken het ene seizoen hier en dan weer een seizoen daar. Zo leer je heel wat mensen kennen. En met een telefoon op zak hou je makkelijk contact. Dat is waarom de circuswereld soms aanvoelt als een dorp.

Menno komt van buiten. Hij is niet zoals veel andere artiesten in het circus geboren. Maar toen hij heel jong was, wist hij het: dat circus, dat wordt van mij. En nu is het zover.

Een jongleur laat zijn kegels driemaal draaien voor hij ze weer vangt. Als hij dat steeds sneller doet, lijkt het of die kegels wel dertig keer draaien. Jongleurs die zich specialiseren in snel jongleren noemen ze ook wel tempojongleurs.

Al twee maanden reist hij mee. Hij slaapt in een kamertje van twee meter lang bij twee meter breed. Aan zijn kamertje zitten in een lange rij nog meer kamertjes vast. Hij woont in een soort circusrijtjeshuis. Een lange container die op een vrachtwagen staat en telkens weer meeverhuist naar de volgende stad. In dat kamertje slaapt hij, leest hij, eet hij. Een beetje klein dacht Menno toen hij met zijn koffer bij het circus kwam. Ongeveer even groot als de badkamer bij hem thuis. Maar na drie dagen was hij eraan gewend. Zolang hij daar binnen maar niet hoefde te jongleren was alles goed.

'Je moet het ritme in de gaten houden,' zegt Menno terwijl hij oefent. 'En hoe meer ballen je de lucht in gooit hoe belangrijker dat ritme is. Het moet niet van tak-tak, tak-tak, maar van tak-tak-tak-tak.' Hij doet het voor en de kegels kletsen steeds op dezelfde maat in zijn hand. 'En als het niet gaat is daar altijd een reden voor. Jongleren is analyseren.' Dat klinkt heel ingewikkeld, maar zo is het niet.

Analyseren betekent gewoon: iets onderzoeken om te kijken hoe het werkt. Dus als de kegels blijven vallen moet je gaan kijken waarom ze vallen. Gooi je ze te hoog, te laag, of te veel naar elkaar toe? Pas wanneer je erachter komt wat je fout doet, kun je jezelf verbeteren. Het is alleen moeilijk je eigen fouten te analyseren, daar heb je soms iemand anders bij nodig: een kenner, een collega, of beter nog een leraar.

Na de middelbare school verhuisde Menno naar Parijs. Hij ging er naar de circusschool om les te krijgen in jongleren. Hij was er al heel goed in, maar hij had iemand nodig die hem nog meer zou aansporen, iemand die zei: 'Dit doe je goed, maar dat ziet er niet uit.'

In dat circusschooljaar werd hij stukken beter. En toen kwam de dag waarop er ergens in het land plotseling een jongleur bij een circus vertrok. JONGLEUR GEZOCHT! schalde het door Frankrijk. Nu zijn er heel wat jongleurs die graag in circus Gruss zouden optreden, maar Menno werd gevraagd. 'Ik ben nu zo ongeveer de gelukkigste mens op aarde,' zegt Menno. 'Ik verdien mijn geld met wat ik het liefst doe.'

Met jongleren?

'Nee, nee, met optreden. Ik had ook leeuwentemmer kunnen worden of koorddanser, maar ik was nu eenmaal het best in jongleren. En waar je het best in bent dat moet je doen.'

Menno wil optreden, de show stelen, mensen ademloos laten toekijken. Dat begon al toen hij klein was en voor het eerst een circus zag. Thuis gaf hij optredens voor zijn ouders. Zijn moeder was ballerina, zijn vader speelde in een orkest, en dus begrepen ze Menno wel. Maar er kwam een dag dat Menno bij het circus wilde. 'Je bent pas vijf,' zei zijn vader. 'We willen je nog niet kwijt,' zei daarna zijn moeder. 'Maar ik wil,' zei Menno toen.

Ze belden met circus Elleboog, het kindercircus in Amsterdam. Hij was er welkom, maar pas als hij zes jaar oud zou zijn. Dat werd een lang jaar wachten voor Menno. Zo ongeveer het langste van zijn leven. Maar toen het eenmaal zover was stortte hij zich op de circuskunsten. Hij speelde clown, hij stond ondersteboven en danste op de draad. Toen hij tien werd ontdekte hij het jongleren.

Circus Elleboog is geen echt circus. Het is meer een club waar je circuskunsten kunt leren voor je plezier. Net zoals je naar voetbal gaat, of naar drumles. Elleboog bestaat al meer dan vijftig jaar. Het werd opgericht voor arme kinderen in Amsterdam, om ze van de straat te houden. Nu is het allemaal wat moderner. Je kunt er nog steeds leren op een eenwielertje te rijden, maar je kunt er ook dansen en skaten. Er zijn mensen die je helpen, die zeggen dat je het goed doet, die ervoor zorgen dat je het leuk vindt nieuwe trucs te leren. Maar er is niemand die zegt: Doe dit of dat. Ze zijn er zelfs minder streng dan de muziekleraar en de voetbaltrainer. Fijn, zul je misschien denken, maar Menno had

De beroemde Rastelli mocht van zijn vader geen jongleur worden, maar hij bleef stiekem oefenen. Het wereldrecord stond op acht ballen en Rastelli bracht het na negen jaar trainen ook tot acht. Toen hij achttien werd durfde hij zijn vader pas te vertellen van zijn geheime dubbelleven. Rastelli bracht het uiteindelijk tot tien ballen.

juist iemand nodig die zei dat het nu wel genoeg was met die drie balletjes en dat hij er maar eens vijf door zijn handen moest laten gaan.

Bij Elleboog moeten kinderen zichzelf ontdekken en kijken wat ze willen. Als ze er na vijf minuten geen zin meer in hebben is het ook goed. Maar Menno oefende heel serieus. Toen hij elf was en met jongleren niet snel genoeg vooruit kwam, ging hij op zoek naar een echte leermeester.

Het was kerstvakantie en bij hem in Amsterdam ging het kerstcircus in Carré weer van start. Binnen de kortste keren had Menno het voor elkaar dat hij achter de schermen naast een van de grootste jongleurs ter wereld met ballen stond te gooien. Hij fietste er vanaf die dag iedere ochtend heen om te oefenen. En die topartiest gaf instructies, want hij vond het grappig, zo'n mini-jongleurtje met maxi-talent.

Zo deed Menno het vanaf dat jaar iedere kerstvakantie. Er was altijd weer een andere jongleur, maar omdat ze Menno zo langzamerhand van verhalen kenden, hielpen ze hem altijd weer verder op weg, twee weken lang. Hij was op den duur zo goed geworden dat hij bij Elleboog wegging. Maar nu, zoveel jaar later, komt hij er weer. En heel af en toe, als hij in Amsterdam is, helpt hij zelfs wel eens een middagje bij Elleboog. En als er dan opeens zo'n jochie tussen loopt dat zonder hulp de draad oversteekt, gaan Menno's handen kriebelen. Hij ziet meteen het talent. Het liefst bemoeit hij zich daarna alleen nog maar met dat jongetje. Hij wil hem extra trainen, maar dat is nu juist niet de bedoeling bij Elleboog. Als er echt een circusartiest in zit, zeggen ze daar, dan moet dat jongetje hem zelf maar tevoorschijn toveren. Net zoals Menno dat vroeger heeft gedaan.

De laatste tijd hebben heel veel mensen het jongleren ontdekt. Ze doen het voor de ontspanning en zelfs op doktersvoorschrift. Het is goed tegen de stress. Er gaan zelfs jongleer-leraren naar kantoren om mensen met drie balletjes te

leren gooien. Het kan namelijk helpen tegen een muisarm. Even tien minuten jongleren en dan weer verder achter je computer.

Menno snapt er niks van. Voor hem is het juist de kunst van al dat gejongleer níét gestrest te raken. Hij moet elke dag oefenen om het gevoel in zijn vingers te houden. En een half uur voor de voorstelling werkt hij aan zijn warming-up. Hij moet zich goed ingooien anders kan hij het tijdens zijn optreden wel vergeten. En als de warming-up niet lekker loopt, kruipen de zenuwen zo vanuit zijn buik naar zijn handen. En zie dan de stress maar weer kwijt te raken. Door de spanning gaat hij minder los gooien dan normaal. De balletjes vliegen daardoor net iets meer naar links of naar rechts en boem daar botsen ze in de lucht. Het is echt millimeterwerk. Het hele zaakje ligt zo in het zaagsel. En zeven ballen rond je voeten in plaats van boven je hoofd zo vlak voor het circus begint, geeft pas echte stress. Daar is een overspannen kantoormedewerker niets bij. Rustig ademen, zegt Menno dan tegen zichzelf, keep it cool, maar intussen raken die balletjes soms alleen nog maar verder op drift.

Het is de bedoeling dat Menno op tijd zijn handen, zijn armen, zijn hoofd weer onder controle heeft. Er mag echt wel iets vallen tijdens zijn optreden, maar het moet natuurlijk niet zo zijn dat hij de hele voorstelling moet bukken in plaats van buigen. 'Als je twee of drie keer iets niet vangt is dat helemaal geen ramp,' zegt Menno, terwijl hij zeven ringen van de grond raapt. 'Het gaat om de show. Maar er zijn jongleurs die hun werk moesten opgeven omdat ze de druk niet aankonden.'

Het nummer van Menno duurt zeven minuten. En in die zeven minuten gooit hij razendsnel met ballen, kegels, ringen. Er zijn honderden, misschien wel duizenden momenten waarop er iets mis kan gaan. Alles wat je de lucht in stuurt moet je namelijk ook weer opvangen. Pas als je meer

Jongleren met een even aantal ballen doe je volgens een andere techniek dan jongleren met een oneven aantal. In het begin gaat het er gewoon om of je de ballen goed kunt opgooien. En dat vangen komt later wel. Je moet eerst maar eens leren zeven, acht of negen ballen in je handen vast te houden, dat is al lastig genoeg.

dan vier keer iets door je vingers laat glippen, wordt het te veel vindt hij. Maar ook als dát gebeurt moet je blijven lachen alsof er niets aan de hand is.

Als de avondvoorstelling begint heeft Menno nog twintig minuten om zich warm te gooien. Hij is nummer drie in het programma. Het circus zit helemaal vol. Ook met kinderen, want de Franse ouders nemen het iets minder nauw met de kinderbedtijd. Circus is voor hen nu eenmaal belangrijker dan een stel uitgecruste gezichten aan de ontbijttafel. Alle ogen zijn gericht op het gordijn, maar dat hangt doodstil als Menno's muziek weerklinkt. Het spotlicht draait naar de ingang aan de andere kant. Daar rent hij al jonglerend door het gangpad. Hij springt de piste in. Een stevige beat schalt door de tent. Vijf witte balletjes buitelen om elkaar heen door de lucht. Ze hypnotiseren je. Het lijkt of de golven van de muziek ze voortjagen, omhoog, omhoog en rond en rond. Menno's handen zijn verdwenen. Om zijn hoofd beweegt een wolk van wit.

Daarna pakt hij een stel kegels en slingert ze een voor een achter zijn rug langs naar zijn andere hand. Hij zwiept ze onder zijn benen door. Vangt ze op met zijn voeten en zet ze om beurten op zijn voorhoofd neer. Het publiek juicht. Dit is Menno's show. 'Nee,' zegt hij. 'Ik ben technisch nog niet perfect. Ik hoef niet zo nodig met negen ballen.' Maar intussen oefent hij dat wel, want je moet steeds vooruit en nooit denken: nou, zo is het wel goed. Want het is namelijk nooit goed genoeg.

Menno maakt een flikflak als hij afscheid neemt van het publiek. Nog één keer krijgt hij drie kegels in zijn handen geduwd. Hij laat ze zo snel draaien dat je denkt dat hij gaat opstijgen als hij er nog even mee zou doorgaan. De muziek zweept zijn armen op. De mensen houden hun adem in. Ze geloven bijna niet wat ze zien. En dat is nu precies wat Menno wil: dat de mensen dromen met open ogen.

Jongleurs gooien niet alleen ballen, kegels en ringen door de lucht. Ze sturen ook wel eens hoeden de hoogte in of breekbare kopjes. Er zijn zelfs krachtpatsers die zware ijzeren kogels omhoog zwiepen. Sommige jongleurs werken in groepen. Ze gooien over en weer dingen naar elkaar toe. Soms lijkt het wel een ballet van zes smijtende mensen.

# 13

# Het zeeleeuwenkwartet

Castor en Neptune hobbelen achter elkaar aan over de stoep. Ze zijn op weg naar een echt casino. Een gebouw waar je kunt gokken met geld. Hun zwarte pak glimt. Ze zien er tiptop uit voor deze feestavond. Het casino heeft iets te vieren en daarom zijn ze als speciale gasten uitgenodigd. Als de schuifdeuren opengaan glijden ze zo het marmer op. Ze krijgen een dik applaus van de andere gasten als ze eindelijk in het midden van de hal zijn aangekomen.

Neptune maakt meteen een handstand en Castor gaat op zijn staart staan. Daarna houdt Neptune een bal in balans en klapt Castor met zijn flappers. Het publiek klapt ook. Norocel, hun baas, pakt de emmer met haring en loopt met een ernstig gezicht naar de meest opgetutte dames toe. Ze mogen Castor en Neptune ieder een beloning geven. De emmer zit vol slijmerige vissen. Hun gelakte nagels verdwijnen tussen de schubben en aan hun ringen kleven direct een paar graten. Castor en Neptune vinden het de normaalste zaak van de wereld en pakken de haring heel elegant aan. De dames wapperen een beetje onhandig met hun handen in de richting van hun galajurk. Norocel wacht even voor hij ze een witte zakdoek geeft. Maar de dames lachen en kijken vol bewondering naar die knappe Castor en Neptune.

Tenslotte vraagt Norocel Neptune ten dans en samen schuifelen ze op de maat van de muziek door de hal. Iedereen is verrukt. 'Ooo' en 'aaa' klinkt het in dat nette casino alsof er aan de lopende band de jackpot wordt uitgedeeld. Na hun optreden schudden Castor en Neptune zich nog eens flink uit tussen de panty's en de gesteven broekspijpen voor ze het casino verlaten. In hun superstrakke rokkostuum lijken ze het best gekleed van iedereen.

Als ze weer terug zijn in hun bassin krijgen Neptune en Castor nog een hele emmer sprot toe. Ze poetsen hun snuit terwijl ze op hun rug door het water drijven. 'Welterusten,' zegt Norocel. 'Ga maar lekker slapen. En morgen is er weer een dag.'

Zodra een circus ergens arriveert staan er mensen op de stoep die iets van dat circus willen. Of het nu foto's zijn van de burgemeester op een olifant of een clown in de klas, je kunt het zo gek niet bedenken of de mensen willen het. Soms vragen ze het orkest even te leen of de gemeenteraad wil gratis op de eerste rij. Over alles valt te praten natuurlijk, zelfs over zeeleeuwen in het casino. Die muzikanten, zeeleeuwen en clowns geven het circus reclame en daarom zegt de directeur vaak ja als een verzoek niet al te gek is. Norocel moest dus 's avonds nog op pad met Castor en Neptune: goede reclame voor het circus en extra feestelijk voor de gasten in het casino.

Norocel en zijn vrouw Françoise hebben Castor en Neptune twaalf jaar geleden gekregen van een Franse dierentuin. Ze waren op zoek naar een stel zeeleeuwen en daar waren er twee over. Neptune was twee jaar en Castor was zes maanden, een zeeleeuwenbaby die je zo op de arm hield.

'We kunnen toch niet eeuwig in die trapeze blijven hangen?' zeiden Norocel en Françoise tegen elkaar. 'Op een dag zijn we te oud en wat dan?' Dus gingen ze op zoek naar een beestennummer, omdat je daar in het circus wél oud mee kunt worden.

Ze kenden olifanten, tijgers en beren. Paarden, slangen en kamelen. Ze hadden met al die dieren gewerkt. Vooral Françoise, want zij komt uit een echt Belgisch circusgeslacht. Maar ze wilden iets anders, iets nieuws, iets dat bijna niemand nog deed: zeeleeuwen. Twee jaar hielden ze hun trapezenummer in het circus nog aan. En intussen begonnen ze in hun vrije tijd met het trainen van Castor en Neptune. Wat een karwei was dat. Zeeleeuwen dresseren is al niet zo'n gemakkelijke opdracht, maar als je zelf niets van die beesten weet is het helemaal lastig. Zo stond bijvoorbeeld in alle boeken dat zeeleeuwen met gemak een bal op hun neus kunnen laten balanceren. Ze doen het vanzelf, lazen Norocel en Françoise. Dus kochten ze een bal en zetten die op de neus van Castor en Neptune. Castor schrok zich dood en wilde vanaf die dag nooit meer iets met ballen en balanceren te maken hebben, en Neptune vond er ook niets aan, maar omdat hij ouder was en een rustiger karakter had mochten Françoise en Norocel het bij hem proberen. Zo kreeg die brave Neptune, genoemd naar de God van het stromende water, iedere dag een bal op zijn neus. En hoe Neptune ook zijn best deed, die bal bleef niet staan. Uiteindelijk kon hij hem wel in evenwicht houden op zijn bek, en alleen dan als hij die bek open hield.

En Castor? Die heeft nog steeds geen balgevoel. Als Neptune tijdens het optreden een basketbal in de lucht houdt, hangt Françoise een pingpongballetje in de snorharen van Castor. Zo lijkt het toch heel wat. En als Castor niet beweegt blijft het balletje zitten. De mensen vinden het prachtig, want Neptune is heel groot en Castor is altijd een klein opdondertje gebleven, ook al is hij nu al bijna dertien jaar oud.

Ze zijn slim, maar ook koppig, die zeeleeuwen. Als ze iets niet willen doen ze het gewoon niet. Een paard kun je bij zijn halster pakken en zelfs een pony kun je nog een beetje sturen, ook al zijn dat de meest eigenwijze circusdieren die je je kunt voorstellen. Maar een stel zeeleeuwen, nondedju. Als ze niet willen, lopen ze zo terug naar hun bad. Ze dui-

In het circus gebruiken ze liever mannetjes zeeleeuwen dan vrouwtjes. Als een vrouwtje namelijk wil vrijen met een mannetje is er verder niets meer met haar te beginnen. Ze vertikt het dan om nog maar een vin te verroeren.

ken onder en zie ze er dan maar weer eens uit te krijgen. Dan staan Norocel en Françoise rustig een hele middag tegen het water te roepen. Zeeleeuwen zijn namelijk snel beledigd.

Een keertje waren Castor en Neptune heel erg ongehoorzaam. Ze wilden niets meer doen. Andere dieren kun je nog wel eens een tik geven met de zweep, maar zeeleeuwen dresseer je niet met een zweep, dus gaf Norocel een tikje met zijn hand: 'Kom op, gehoorzamen jullie!' Als door bijen gestoken maakten Castor en Neptune zich uit de voeten, sprongen in het bassin en wilden niets meer van hun bazen weten. En wat Françoise en Norocel ook probeerden, ze kwamen niet. Als ze even boven het water kwamen kijken zei hun gezicht alleen maar: 'Ga weg! Wij zijn bang van jullie, want jullie slaan ons.' En dan keken ze als heel zielige kindertjes die een verschrikkelijk pak slaag hadden gekregen. Dat heeft drie weken geduurd.

Ze moesten alle vier veel leren: het zeeleeuwenduo en duo Borcani. Zo noemen Françoise en Norocel zichzelf, naar de Roemeense achternaam van Norocel Borcan. En samen vormen ze een kwartet. Ze treden nu al tien jaar op. De eerste kunst die Neptune en Castor hadden geleerd was de handstand: op de voorflappers staan en de staart in de lucht. Françoise en Norocel hielpen de staart omhoog houden en zeiden: 'Hoog, hoog.' En daar gingen Castor en Neptune. Na iedere truc krijgen ze nog altijd een visje, een aai of een driewerf brááf! Maar nooit meer een tikje, want drie weken tegen de ruggen van een stel diep beledigde kleinzerige zeeleeuwen aan kijken, nee!

De laatste tijd is Neptune een beetje traag. Hij doet zijn oefeningen net iets minder enthousiast dan eerst. Ze hebben er een dierenarts bij gehaald, een dierenarts uit het dolfinarium die alles weet van zeedieren. Hij bekeek Neptune eens goed en voelde aan zijn vel. 'Te dik,' zei hij toen. De haring en sprot waren te vet voor Neptune. Niet voor Castor, want die is zo beweeglijk dat hij nooit te dik zal worden, maar die lobbes van een Neptune groeide bijna dicht. Norocel moest dus naar Scheveningen om wijting te gaan kopen, een mager visje uit de Noordzee. Hij kocht er maar meteen driehonderd kilo van, dan konden ze een maandje vooruit.

Françoise en Norocel doen alles voor hun dieren. Ze moeten gezond zijn en gelukkig, anders kunnen ze er niet mee optreden, want een ongelukkige zeeleeuw heeft nergens zin in. Als er iets met de zeeleeuwen aan de hand is zien Françoise en Norocel dat meteen. Het zijn net mensen: je hoeft maar in hun ogen te kijken en je weet het.

De vrachtwagen waarin Neptune en Castor wonen is omgebouwd tot zeeleeuwenverblijf. Het voorste gedeelte is gevuld met water en het achterste gedeelte is voor de enorme diepvries met vis en voor de circusattributen. Links van het waterbassin staat een zeeleeuwenbed voor Castor en rechts een bed voor Neptune, maar meestal wurmen ze zich samen op één plekje. Door een groot raam kunnen ze al zwemmend naar buiten kijken. Als ze onderweg zijn gaat het raam alleen wel dicht, anders kun je een file verwachten op de A16 tussen Breda en Rotterdam.

Als het niet te koud is zwemmen ze in een enorm opblaasbaar buitenbad en op mooie zomerdagen springen Norocel en Françoise er gewoon bij. Dat is een feest, zwemmen met Castor en Neptune. Ze zijn verschrikkelijk sterk in het water, maar ook heel erg lief. Ze hebben iets van honden. Die kwispelende blik in hun ogen, die neus met snorharen, het blaffen als ze aandacht willen. Maar verder? Nee, verder zijn het gewoon zeeleeuwen, zeggen hun bazen. Heel eenkennig. Een vreemde moet niet in het water springen. En ze houden niet zo van aaien. Daarom kletsen Françoise en Norocel de hele dag tegen ze. Vooral Françoise kan eindeloos bij het bassin staan praten. Dan neemt ze bijvoorbeeld het hele dagprogramma door en klimt Castor

In de winter krijgen de zeeleeuwen meer vis dan in de zomer, want het is dan veel kouder. Norocel en Françoise kunnen het zich niet veroorloven 's winters het water te verwarmen, dus moeten Castor en Neptune een stevige laag vet kweken.

Omdat zeeleeuwen in het water poepen en plassen, moet het water in het bassin van de vrachtwagen iedere twee dagen worden ververst. Er moet ook zout bij, want zeeleeuwen zijn nu eenmaal zoutwaterdieren.

95

op het randje om te luisteren. Heerlijk vindt hij dat, Françoise die streelt met woorden.

Ze moeten zo langzamerhand aan twee nieuwe zeeleeuwen gaan denken, want deze oude zeerotten raken al op leeftijd. In de natuur waren ze allang opgevreten door de orka's, maar hier in het circus worden ze waarschijnlijk wel twintig. Toch moeten ze er rekening mee houden dat er voor die tijd eentje dood kan gaan en dan zijn ze met z'n allen wel mooi uitgekwartet. Het duurt twee jaar voor je weer een nieuw zeeleeuwennummer hebt en in die tussentijd kunnen Norocel en Françoise niet weer de trapeze in om geld te verdienen. Ze moeten dus vooruit denken en flink puzzelen. Als er twee nieuwe bij komen moeten ze een extra vrachtwagen kopen en een nog groter buitenbad. En wie gaat dat hele wagenpark besturen?

De zeeleeuwen hebben het wel naar hun zin zo, altijd met hun baasjes, altijd een nieuwe omgeving. Op de piste zijn ze inmiddels wel uitgekeken. Die is elke dag hetzelfde. Maar het circusterrein is iedere week weer anders. Ze zijn heel nieuwsgierig en daarom oefenen Françoise en Norocel altijd buiten op een stukje gras tussen de andere caravans. Ze zetten de postamenten neer, ze zetten een emmer vol vis neer, ze zetten hun zoontje Monti er in zijn kinderwagen naast en de repetitie kan beginnen.

Daar buiten onder de blauwe lucht staat Neptune langer op zijn flappers en Castor wipt wel tien keer heen en weer op de rola-rola in plaats van twee keer zoals hij in de piste doet. 'Ze moeten het leuk blijven vinden,' zegt Norocel. Dus oefenen ze bijna nooit in de tent en zelden langer dan twintig minuten achter elkaar. Daarna krijgen ze een hele emmer vis. 'Dat maakt ze het allergelukkigst,' zegt Françoise, 'met hun snuit in een emmer vol haring roeren.'

Als zeeleeuwen boos worden kunnen ze flink bijten. Hun tanden zijn groter dan die van een hond. Maar Fran-

Neptune en Castor kunnen meer kunsten dan ze in de piste laten zien. Achter de schermen oefenen Norocel en Françoise bijvoorbeeld doodliggen. Als ze 'Pang!' zeggen moet Castor doodstil blijven liggen. Pas als hij het perfect kan, laten ze het zien tijdens de voorstelling.

çoise en Norocel hebben geluk met Castor en Neptune, want ze zijn nog nooit gebeten. Françoise klopt het meteen af op haar hoofd. 'Oooo,' zegt ze. 'Er zijn er bij die hun baasjes in de billen bijten hoor tijdens de voorstelling.' Nu klopt Norocel het ook af op zijn hoofd.

Samen kijken ze hoe Castor en Neptune hun neuzen poetsen na hun beloningsmaal. Françoise begint weer eens een heel gesprek met Castor. Hij klimt onmiddellijk op de rand van zijn bad en kijkt Françoise met verliefde ogen aan. 'Tja,' zegt Norocel. 'Ik ruim de postamenten wel weer op.' Maar hij is blij. De wijting doet zijn werk: Neptune scheert weer als een jonge God door het water.

# 14

# Alles is goed
# als de muziek begint

Je moet altijd doorspelen. Dat deden ze bij de Titanic ook. Als de band er namelijk mee ophoudt, is er in de piste iets goed mis. Het gebeurt gelukkig zelden dat de dirigent moet zeggen: 'Jongens, even stoppen, want er ligt een dompteur onder een tijger.' Maar ligt diezelfde dompteur achter de schermen onder een tijger, dan spelen ze wel verder, want het publiek heeft niets te maken met wat daar gebeurt.

Omdat je die muziek dus altijd hoort, vergeet je soms dat het orkest eigenlijk de hoofdrol speelt in de voorstelling. De mensen komen voor de dieren, voor de acrobaten of voor de goochelshow. Ze komen zelfs nog eerder om de nieuwe tent te bekijken dan om naar de muziek te luisteren. Bijna niemand ziet dat het orkest het programma draagt. Je kunt gerust zeggen dat er zonder die muziek eigenlijk niet zo veel aan is. Je verstaat opeens alle commando's van de dresseurs, je hoort het afzetten en neerkomen van de springende acrobaten, de jongleur raakt zijn ritme kwijt en de dubbele salto is helemaal niet spannend als er geen flinke roffel aan vooraf gaat.

Er moet dus muziek zijn, maar wat voor muziek? De laatste tijd verandert dat nogal. Het publiek wil die ouderwetse deuntjes niet meer. En niet alleen het publiek, de muzikanten krijgen er ook schoon genoeg van. Dan komt er weer een stel paarden binnen draven op de versleten tonen van de foxtrot of er stampen voor de zoveelste keer olifanten rond op stoffige marsmuziek. 'We zitten hier niet in de vorige eeuw,' moeten een paar circusdirigenten niet zo lang geleden hebben gezegd. 'Het moet maar eens uit zijn met het oude liedje.' En dat is de reden dat het tijdens sommige circusvoorstellingen de piste uit swingt. Het gevolg is dat niet alleen de artiest een applaus krijgt na zijn optreden, maar ook het orkest. En wat zie je? De artiest steekt heel vlug even zijn duim op naar de dirigent als hij de piste verlaat. Want het is echt top als muziek en optreden vloeiend samengaan.

Sommige circussen hebben geen geld voor een heel orkest. Daar draaien ze bandjes in de piste. Heel vervelend voor de artiesten, want die moeten zich niet alleen concentreren op hun act maar ook op het bandje. Als er iets verkeerd gaat loopt dat gewoon door, terwijl een dirigent de boel meteen even stopzet en opnieuw begint of ergens anders verdergaat. De meeste artiesten hebben dus het liefst echte muziek. De dirigent houdt hen in de gaten in plaats van andersom. Steeds vaker wil een acrobaat de lucht in onder begeleiding van een gierende gitaarsolo of laat de dresseur zijn paarden dansen op een melodie waarop kinderen ook graag zouden dansen. En het orkest kijkt daarbij naar het ritme van de paarden. Trager in stap, sneller in galop.

Het orkest uit het eerste circus van Philip Astley bestond uit één muzikant: een jongen die op een trommel sloeg.

Robert Rzeźnik heeft zo'n orkest dat paarden lijkt te laten vliegen in plaats van draven. Je kunt hem beter bandleider noemen dan dirigent, want de tonen die hij samen met zijn zeven andere Poolse collega's in het zaagsel smijt is soms pure rock. De tijgers doen het er in ieder geval goed op en de olifanten worden door het koper bijna de tent uit geblazen. De enigen die soms naar hun oren grijpen zijn de oma's en opa's die hun kleinkinderen hebben getrakteerd op een circusmiddag. Ze moeten er maar aan wennen, aan een voorstelling in een hippe jas.

Robert moet de muziek kunnen dromen. Alle noten, alle nummers, alle wisselingen staan in zijn hoofd en niet op papier. Dat kan niet anders want hij moet zijn ogen op de piste houden in plaats van op de notenbalken. En dat niet alleen.

Als er plotseling iets misgaat heeft hij geen tijd om eerst uitgebreid op een briefje te gaan zitten turen wat er gedaan moet worden. Slaat de paardendresseur een onderdeel over omdat zijn paarden ergens van zijn geschrokken, dan moet Robert meteen weten wat hem te doen staat.

Hij heeft daar met alle artiesten afspraken over gemaakt. 'Als ik met mijn drie kegels klaar ben,' zei de jongleur bijvoorbeeld tijdens de repetities tegen hem, 'dan moet je even wachten tot ik mijn drie balletjes heb gepakt. Pas als ik het eerste de lucht in heb gegooid moet je met de muziek beginnen.' Dus wacht Robert iedere keer tot hij ziet dat de jongleur het balletje wil gaan opgooien. Pas dan begint hij met tellen, in het Pools: 'Jeden, dwa, trzy, cztery! Een, twee, drie, vier!' En pats daar geeft de drummer de eerste klap, niet eerder en niet later.

Net als de dirigent moet ook de drummer de piste goed in de gaten houden. Als een clown bijvoorbeeld onderuit vliegt of zijn hoofd stoot, moet de drummer precies op dat moment een tik op de bekkens geven om het effect een beetje te versterken. En hij moet ook goed kunnen zien wanneer hij een roffel moet laten aanzwellen of eindigen. Daarom zit in circusorkesten een slagwerker altijd vooraan en nooit achteraan zoals in andere orkesten of bands. Het werk van de drummer luistert heel erg nauw.

Samen met hem overziet Robert de piste. Als de paarden onrustig worden geeft Robert aan dat het orkest zachter moet gaan spelen, of juist harder als het buiten de tent lawaaiig is. Intussen doet hij zelf ook mee op de synthesizer en trompet. Hij wisselt tijdens de nummers vliegensvlug van instrument. Vervelend is dat soms, want net als hij even lekker staat te spelen moet er weer iets anders. Soms gaat een solo zo lekker dat Robert echt geen zin heeft ermee op te houden. Maar het moet. Want als de acrobaat eenmaal een buiging heeft gemaakt kan hij zelf moeilijk nog een keertje extra afzetten voor een eigen swingende sprong op zijn trompet.

De muzikanten spelen vaak twee shows op een dag. Een middagvoorstelling en een avondvoorstelling. Ze zitten vaak zes uur lang op het podium boven de piste. Er is geen tijd voor vermoeidheid of hoofdpijn. Er is alleen even een pauze tussendoor voor een boterham.

Ieder lid van het orkest is onmisbaar en omdat het repertoire niet of nauwelijks op papier staat kan iemand niet gemakkelijk worden vervangen. Ziek zijn is er niet bij. Robert brak ooit zijn arm toen hij van de ladder viel. Hij klom na de show van het podium naar beneden en paf daar lag hij tussen de postamenten.

'Dat wordt zes weken rust,' zei de dokter toen hij het gips klaarzette.

'Bent u gek?' zei Robert. 'Morgen moet ik toch echt weer boven de piste staan.'

'Mooi niet.'

'Mooi wel, en trouwens het is míjn arm.'

Dus vroeg de dokter hoe Robert trompet speelde. En precies in die stand gipste hij toen zijn arm.

Heel veel circusmuzikanten komen per ongeluk in het circus terecht. Ze kiezen niet echt voor een circusleven zoals een dompteur of een clown wel doen. Ze willen gewoon muziek maken en met muziek maken hun geld verdienen. Het enige lastige is dat de mensen in het circus niet voor hen klappen, maar voor de tijgers. Sommigen zien het na een tijdje dan ook niet meer zitten om daarboven in de hitte onder de nok van het tentzeil de longen uit hun lijf te blazen. En echt rijk word je er ook al niet van. Dat Robert en zijn kompanen zich op een dag wel bij het circus meldden is omdat er in hun eigen land helemaal niets te verdienen viel met het maken van muziek. In West-Europa verdienen ze een stuk beter en dat is de reden dat veel circusorkesten bestaan uit Oost-Europese muzikanten: Polen en Russen.

Ruim een half uur voor de voorstelling begint klimmen iedere dag weer alle acht muzikanten het gammele laddertje op naar het podium. Eronder hangt het rode circusgordijn waardoor de artiesten de piste betreden. Het podium daarboven lijkt wel een brug. Alle muzikanten spelen vooraf hun vingers soepel, de drummer roffelt op zijn dijbeen en de trombonist blaast zijn koper warm. Achter het gordijn verzamelen zich de eerste artiesten. Het publiek wordt naar zijn plaats geleid. Het orkest ziet alles: de artiesten achter het gordijn en het publiek ervoor. Precies op tijd doven de lichten en kan het programma beginnen. Robert speelt met het hoofd een beetje scheef. Zijn linkeroog houdt hij op de piste, zijn rechter op het orkest. Tegen de tijd dat alle tijgers de kooi in zijn zit het tempo er goed in. De gitarist laat zijn gitaar extra janken als twee tijgers om en om over elkaar heen springen.

*You'll be allright when the band starts playing*. Alles is goed als de muziek begint. Dat is een echte circusuitdrukking. Alle artiesten zijn wel eens zenuwachtig voor een optreden. De ene keer omdat het de première is. De andere keer omdat er een belangrijk persoon op de tribune zit. Om elkaar gerust te stellen zeggen ze tegen elkaar dat alles goed komt zodra de muziek begint. En zo is het ook. Bij de eerste noten van het orkest vloeit de spanning weg en daarvoor in de plaats komt concentratie.

En terwijl het publiek de helft van de tijd de adem inhoudt, moeten de blazers blijven uitblazen. Tweeënhalf uur lang dirigeert Robert zijn orkest de piste rond. Pas op het allerlaatst, als de grote finale is aangebroken en alle artiesten nog één keer samen onder de funky Poolse brug door lopen, gaan de schijnwerpers een momentje omhoog. Heel even zwijgt het orkest en klapt het publiek. Robert schudt wat spuug uit zijn trompet en zet voor het laatst nog eens in.

De circusmuziek schalt tijdens de voorstelling over het hele terrein. De artiesten hoeven nooit op hun horloge te kijken. Ze weten precies bij welke melodie ze zich klaar moeten maken voor hun optreden en wanneer ze achter het gordijn gereed moeten staan.

103

## 15

# Een meester op wielen

De hele klas staat op zijn kop, of zeg maar rustig de hele school, want dat is precies hetzelfde. Er is een spin gesignaleerd. Justin wijst en meester Wichert kruipt. Iedereen gilt door elkaar 'waar?' en 'daar!' Maar er is niets te zien. Niemand trekt zich iets aan van de brullende tijgers verderop of van een olifant die langs het raam loopt, maar een spin geeft meteen een chaos. Justin is bovenop zijn stoel gaan staan. Het duurt vijf minuten voor Wichert eindelijk een piepklein spinnetje in zijn hand houdt. Hij laat het wegwaaien in de wind. 'En nu aan het werk Justin, Kelly en Jaimy, und du ach Anja, arbeiten, und schnell!'

Wichert is meester op de Dianaschool, een school op wielen die meereist met Circus Herman Renz. Er zitten dit seizoen vier kinderen op. Drie uit Nederland en een uit Oekraïne. Niemand spreekt Oekraïens, dus krijgt Anja les in het Duits, een taal die veel mensen in het circus spreken. De kinderen hebben allemaal een andere leeftijd, maar omdat er één meester is en één lokaal zitten ze in dezelfde klas. 'Ze zijn eigenwijs hoor,' zegt Wichert. 'Ze doen alles op hun eigen manier, straf geven helpt niet erg, dus geef ik ze liever de kieteldood.'

Vroeger moesten circuskinderen iedere drie of vier dagen naar een andere school. Hun ouders trokken het land door en de kinderen gingen mee, van stad naar stad. Dat was lastig, want nct als jc dc naam van je nieuwe meester of juf in je hoofd had zitten moest je alweer naar de volgende school. Nu gaat dat anders. Als er ergens een circus of kermis neerstrijkt rijdt er onmiddellijk een school voor de kinderen naartoe. Maar ook dan komt er vaak steeds een andere juf of meester mee en als er te weinig kinderen zijn, dan komt die school niet eens elke dag. Dan moeten de kinderen thuis zelf maar opdrachten maken die zo nu en dan worden gecontroleerd door iemand van de rijdende school.

Circus Herman Renz heeft als enige circus in België en Nederland een eigen school met een vaste meester. Soms zitten er zeven kinderen op en soms maar drie, dat is elk circusseizoen weer anders, omdat er ieder jaar andere artiesten meereizen. De Dianaschool is het kleinste schooltje van Nederland, van België en misschien wel van de hele wereld.

Net als alle andere scholen heeft ook de Dianaschool vaste tijden. Elke dag moeten de kinderen om negen uur op school zijn. Ze beklimmen het kleine metalen trappetje, doen in het gangetje van één bij één meter hun schoenen uit en gaan de klas in. Daar zit Wichert te wachten met zijn gitaar. Hij begint de les altijd met liedjes. Voorlezen heeft geen zin als de helft het toch niet verstaat.

Als de rust in de klas is weergekeerd deelt Wichert de taken uit. Kelly moet rekenen, Jaimy leert spellen op de computer, Justin zet gekleurde kraaltjes op een rij en Anja heeft een schrijftaak. Soms mompelt ze iets in het Oekraïens terwijl ze met potlood Duitse woorden op een velletje zet.

'Geschiedenis en aardrijkskunde zijn lastig,' zegt Wichert. Waarom zou je leren in welke volgorde de Waddeneilanden liggen als je volgend jaar weer met je ouders door Frankrijk trekt, of Spanje. En wat heeft het voor nut te weten wie zich een paar honderd jaar geleden in een boekenkist verstopte. Wie in hemelsnaam is Hugo de Groot, zullen ze zich in Kiev, de hoofdstad van Oekraïne, afvragen als Anja ooit weer eens naar huis toe gaat. Maar de Nederlandse kinderen moeten het wel leren, en Wichert probeert zo goed en zo kwaad als het gaat iets over Anja's land te weten

De Dianaschool is genoemd naar Diana Luycx. Zij was samen met haar man Herman directeur van Circus Herman Renz. Ze stierf een jaar voor de circusschool in 1997 werd opgericht.

te komen, zodat hij haar daarover iets kan bijbrengen. En als er volgend jaar kinderen uit Uruguay komen, dan moet hij zijn verrekijker de andere kant op richten. 'Zo gaat dat in het circus,' zegt Wichert. 'Een klas met zes circuskinderen is net zo druk als een gewone klas met dertig kinderen.'

Alle kinderen houden van hem. Wichert reist al een tijdje met het circus mee en heeft al heel wat leerlingen in zijn school verwelkomd en weer uitgezwaaid. Om half elf zet hij steevast thee. Dat is nog uit de tijd dat hij een meisje van elf jaar in de klas had dat trapezeacrobaat wilde worden. Overdag moest ze naar school, 's avonds was er voorstelling, dus kon ze alleen maar 's nachts gaan oefenen. De piste was dan nog lekker warm en er was niemand die haar stoorde. Ze stond de volgende ochtend uit vermoeidheid pas op het laatste moment op, om vijf voor negen, dan haalde ze een waslapje over haar gezicht en rende naar school zonder ontbijt. Daarom maakte Wichert thee voor haar, dan had ze tenminste iets warms in haar buik. Sindsdien doet hij dat altijd, ook al is dat ene meisje allang weer met haar ouders met een ander circus mee.

'Klaar,' roept Justin als alle kleurtjes netjes in rijtjes bij elkaar liggen. 'Klaar,' roept even later ook Jaimy als hij tien woordjes goed heeft gespeld en de computer een grote krul laat zien. 'Fertig,' zegt Anja en legt haar werk op het bureau van de meester. 'Wichert, kan je alsjeblieft even komen helpen?' vraagt Kelly. En terwijl de anderen lekker gaan zitten knexen, ploetert Kelly boven haar sommen. Ze is de oudste, dus ze heeft het meeste werk. Wichert gaat op een piepklein stoeltje naast haar zitten en slaat een arm om haar heen. 'Kom op, dat kun je best,' zegt hij. 'Nog heel even zweten en dan is het middagpauze.'

Tussen de middag zoekt Kelly meestal de olifanten op. Ze rent eerst vlug naar huis, propt een boterham in haar mond en vliegt daarna naar de stal. Dat is zo ongeveer het fijnste plekje van het hele circus en dit jaar heeft Kelly geluk omdat er hele lieve beesten meereizen. Olifanten die je kunt aaien en vertroetelen. De olifanten van vorig jaar waren namelijk helemaal balla balla. Zo noem je dat in het circus wanneer iemand niet helemaal lekker is in zijn hoofd.

Tegen de tijd dat de les weer begint roept Milko, haar vader, dat ze weer naar school moet: 'Kelly, je hebt nog één minuut!' En Kelly rent, want haar vader is dan misschien wel clown, hij is ook streng. En dat moet ook, anders komt er niks van leren terecht: 'Ik kan lezen en schrijven,' zegt hij, 'maar dan heb je het wel zo'n beetje gehad. Ik was zes jaar toen ik als clown in de piste stond. Ik liet me een keer vallen en de mensen lagen meteen dubbel. School kon me toen meteen niets meer schelen.'

Hij denkt er niet over Kelly na de basisschool naar een middelbare school te sturen. Ze hoort thuis bij het circus. Wat ze gaat doen als ze achttien is moet ze zelf weten, maar zo lang ze op school zit blijft ze bij haar ouders wonen. Waarschijnlijk kan ze lessen volgen via internet en haar huiswerk per e-mail laten nakijken. 'Mijn kinderen moeten doorleren,' zegt Kelly's vader. 'Je weet niet hoe de toekomst van het circus eruitziet. En trouwens, je moet nu wel met iets beters komen dan struikelen, als je de mensen wilt laten lachen.'

'Denk maar niet dat het altijd zo leuk is hoor,' zegt Kelly even later na schooltijd achter de circustent. De vrijdagmiddagvoorstelling is begonnen. Ze heeft een koptelefoon op haar hoofd, want ze kan de muziek van het circusorkest bijna niet meer horen. 's Avonds in bed weet ze precies wanneer de paarden naar binnen worden gestuurd en wanneer in het clownsnummer haar vader een muts vol scheerschuim op zijn hoofd krijgt. Het gillen en klappen van het publiek komt elke keer weer op precies dezelfde tijd haar slaapkamer binnen. Soms heeft ze er schoon genoeg van.

Bij *Goede tijden, slechte tijden* gebeurt er tenminste nog eens wat, maar het circusprogramma is altijd weer hetzelfde. En er is ook nooit eens iemand die op de deur komt kloppen om te vragen of ze buiten komt. 'Circus is best saai,' zegt Kelly en ze draait nog eens aan de volumeknop van haar walkman.

'Weet je wat zo ongeveer het allerergste is?' zegt Kelly. 'Dat je elke keer weer de school moet zoeken. Hij staat nooit eens op dezelfde plek. Ik slaap vaak al wanneer de wagens van het circus het nieuwe terrein op rijden, dus ik weet niet waar de school wordt geparkeerd en dan moet ik 's ochtends maar weer zien of ik hem wel kan vinden.' Vaak vragen mensen haar of ze niet liever naar een gewone school zou gaan. 'Gewoon?' zegt ze dan. 'Hoe bedoel je gewoon. Ik zit toch op een gewone school? Met vijfentwintig kinderen in een klas zitten en een uur op je beurt moeten wachten, dat is zeker gewoon.'

Kelly weet niet beter of er zitten maar een paar kinderen om haar heen. Even roepen en Wichert staat al naast haar. De school staat soms tegenover haar slaapkamerraam en dan weer driehonderd meter verderop. Twee maanden per jaar, tijdens de winterstop van het circus, gaat ze naar een vaste school. Daar heeft ze één vriendinnetje dat haar altijd helpt en van wie ze in maart iedere keer weer afscheid moet nemen. Het vriendinnetje vindt dat nog erger dan Kelly zelf, want die is eraan gewend. Aankomen en weggaan, kennismaken en dag zeggen, dat gebeurt iedere week wel weer een keer. Toch zijn er mensen die denken dat dat het toppunt is van geluk. Ze zeggen: 'O wat heerlijk al dat reizen, dan zie je nog eens wat van de wereld.' Maar je hebt als je in het circus werkt echt geen tijd om op je gemakje Harderwijk te leren kennen of om een tochtje te maken over de Maas. Je ziet voornamelijk heel veel verschillende soorten gras en asfalt. En als je negen bent gaat dat na een tijdje knap vervelen.

Alle circussen houden een winterstop en een zomerstop. Ze kunnen natuurlijk niet alle dagen van het jaar onderweg zijn. De zomerstop duurt meestal drie à vier weken en de winterstop duurt langer, twee maanden. Na oud en nieuw gaan de artiesten naar huis om nieuwe nummers in te studeren of om hun repertoire uit te breiden. Het circus zelf, de tenten, het wagenpark en de dieren, gaan naar het winterkwartier. Zo heet de thuisbasis van een circus.

Kelly verheugt zich op volgende week. Als het circus namelijk in grote plaatsen staat is er ruimte voor een draaimolen. En als de kermislieden met hun draaimolen komen, nemen ze ook hun twee kinderen mee. Kelly heeft er dan niet alleen een vriendje en vriendinnetje van dezelfde leeftijd bij, maar de les wordt ook een stuk leuker: de meester wordt dan namelijk nog meer balla balla dan hij al is. Hij schrijft een som op het bord en trekt met krijt een startstreep op de vloer. De kinderen krijgen een krijtje in hun hand en wie het antwoord het eerste weet mag naar voren stuiven en het opschrijven.

En terwijl Kelly na de les de olifanten aait die achter het gordijn op hun optreden staan te wachten, zet Wichert de tafels van de school naar één kant en zorgt dat er in de kast niets kan verschuiven. De computer moet op de grond en de losse spullen zet hij goed vast. Daarna haalt hij het buitentrappetje weg, drukt op een knop aan de zijkant van de wagen en zoef, daar schuift de ene kant van het lokaal zo de andere helft in, alsof er een la wordt dichtgeschoven. De school is nu opeens twee keer zo smal en kan naar de volgende stad worden gereden. Hij wrijft in zijn handen en maakt een paar danspasjes als hij naar zijn camper loopt. Een meester op wielen. Die moet ook wel een beetje balla balla zijn.

Het circus verhuist altijd op zondag en op woensdagmiddag naar de volgende stad. Dan hebben de kinderen vrij. Wichert heeft alle tijd om de school in orde te maken voor het transport.

# 16

# Renz op reis

'Moeders haal de was binnen, want het circus komt eraan.'
Dat zeiden de mensen vroeger als de eerste wagens aan de
rand van het dorp verschenen. Alsof de circusartiesten direct na aankomst uit plunderen gingen. Ze hadden wel wat
beters te doen dan sokken en overhemden stelen uit de ach-
tertuintjes van de burgermensen. Ze moesten hun wagens
zorgvuldig parkeren, hun dieren verzorgen en de tent opzetten. Zo ging het toen en zo gaat het nu nog steeds, met
dit verschil dat er tegenwoordig wel eens iets van de artiesten verdwijnt. Soms zouden ze willen roepen: 'Jongens haal
de spullen binnen, want het publiek komt eraan!'

Het is echt circusweer als de wagens het nieuwe terrein
oprijden. Kou en miezer staan de karavaan hand in hand
op te wachten. 'Welkom,' zeggen ze. 'En leuk dat jullie zijn
gekomen.' Een voor een rijden de school, het kantoor, de
caravans en de campers het grasveld op. Later volgen de
dieren en tenslotte aan het begin van de avond stroomt het
circus zelf binnen: de rode trucks met de tent, de wc's, het
aggregaat en het gereedschap. De directeur wijst alles en iedereen naar zijn plek. Het is flink passen en meten. Tegen
de tijd dat alles staat is het donker. In het midden van het
veld wacht een ronde open plek op de tent.

Om acht uur de volgende ochtend komt de elektriciteit
op gang. Het aggregaat wordt ingeschakeld en alle caravans
hebben weer licht, verwarming en stromend water. Iedereen is bezig met de satelliet. De Fransen richten hem op
Frankrijk, de Polen op Polen en de Britten op Engeland. Ze
kijken bij elkaar, ze schuiven, ze puzzelen en ze roepen tot

het beeldscherm van de televisie op scherp staat. Het is een woud van schotels rond de caravans. Als alles de goede kant op kijkt gaan eerst de tentbouwers aan het werk.

Er worden flinke palen de grond in geslagen, of beter gezegd, gedrild. Een machine hamert ze tsjakketsjakketsjak het grasveld in. Uit de kluiten gewassen tentharingen zijn het, waaraan later de scheerlijnen worden vastgezet. De vier grote middenpalen die de tent moeten gaan dragen liggen al klaar. Ze worden aan lange kettingen omhoog gehesen en in de grond verankerd. Het aggregaat loeit bij dit zware karwei. Als de grote palen staan, rijdt de vrachtwagen waarop het enorme tentzeil ligt precies naar het midden. Daar wordt het doek omhoog gehesen en voorzichtig over de middenpalen heen gelegd. Twaalf tentbouwers trekken het doek beetje bij beetje strak en zetten het vast aan de scheerlijnen. Daarna gaan de lampjes naar boven en tenslotte de letters: Renz.

De ochtend is nog niet voorbij. Iedereen is nu aan het werk in en om de tent. De artiesten moeten helpen de piste opbouwen, de muzikanten zetten hun eigen podium in elkaar en alle tentbouwers sjouwen met onderdelen voor de tribune, met plankieren, met kabels en licht. Allemaal hebben ze een taak. En de tentmeester houdt het overzicht. Hoorde je om negen uur alleen het Pools van de tentbouwers, tegen twaalven klinken er alle talen van de wereld: Spaans, Engels, Italiaans, Oekraïens, Duits, Bulgaars en Frans.

Een paar uur later staat alles op zijn plek. De voortent, de hoofdtent, de stallen en de wc's. Alles heeft water en licht. Er is tijd om te koken, te douchen en te eten. De voorstelling begint om acht uur, maar ruim een uur van tevoren is iedereen alweer paraat. De koffie voor het publiek moet worden gezet. De suikerspinmachine warm gedraaid. Het licht en geluid worden getest en het orkest speelt zich in. De acrobaten beginnen aan hun warming-up en de goochelaar zet zijn spullen klaar. De paarden krijgen een laatste

De tent van Renz is zesendertig meter in het rond en twaalf meter hoog. Er passen twaalfhonderd mensen in. Het opbouwen van de tent duurt zeven uur, het afbreken drie uur. Over het terrein ligt een kilometer aan waterslangen en twee enorme heteluchtkachels houden in de winter de tent vanbinnen warm. Er zijn twee aggregaten met een capaciteit van 450 kilowatt.

borstel over zich heen, de olifanten krijgen hun hoofdtooi opgezet en de tijgertunnel wordt uitgelegd. De clowns zijn geschminkt, de danseressen verkleed. De tentbouwers zetten de spullen klaar voor de eerste act. Ze verwarmen het water waarmee de clowns elkaar straks te lijf zullen gaan en met een grote mixer kloppen ze het scheerschuim op tot dikke vlokken.

Pas lang, lang nadat de voorstelling voorbij is, keert de rust terug op het circusterrein. Soms is dat pas om een uur 's nachts wanneer het aggregaat ermee ophoudt en er voor de meeste mensen geen elektriciteit meer is.

Circus Herman Renz heeft vijf directeuren. Iedere directeur heeft zijn of haar eigen taak. Een van die directeuren is Anneke Steijvers. Zij doet de financiën. Elke zondagochtend staat er een rij voor het rollende kantoor. Alle artiesten krijgen die dag uitbetaald, handje contantje. De een krijgt wat meer dan de ander omdat de een nu eenmaal tien tijgers moet voeren en de ander alleen zichzelf. Of de een heeft net een grote prijs gewonnen zodat er wel tien andere circussen met een contract op de loer liggen en de ander staat voor het eerst in de piste. Verder houdt ze toezicht op de geldvoorraad. Want als het publiek een tijdje wegblijft moet er toch voldoende zijn om de artiesten te kunnen uitbetalen, iedere zondag opnieuw.

Ze wilde altijd al bij het circus, Anneke. Maar thuis vonden ze het niks. Ze zat zogenaamd op gymnastiek, maar in het echt ging ze naar circus Elleboog, waar ze koorddansen leerde. Later, toen ze al twee kinderen had, ging ze bij Circus Renz kijken. En toen vroegen ze haar: 'Hé, waarom ga je niet met ons mee?' Toen verruilde ze haar flat voor een piepkleine caravan. Met een emmer als wc en een tobbe als bad. Iedereen zei: 'Anneke, je bent hartstikke gek.' Haar zusjes wilden een tijdlang zelfs niet met haar spreken. Maar Anneke nam haar kinderen onder haar arm en ging met het

Tot 1996 waren Herman en Diana de jonge directeuren van Circus Herman Renz. In dat jaar stierven ze op een nacht allebei door kolendamp in hun woonwagen, samen met hun hondje. Kolendamp is een giftig gas dat kan ontsnappen uit kapotte kachels. Het circus is blijven doorspelen omdat Herman en Diana dat zo hadden gewild. Bij de ingang van de tent staat een aandenken aan hen.

circus mee. 'Als je echt wil, kan alles,' zegt ze. Dat was dertig jaar geleden. Nu is ze directeur samen met haar zoon, schoonzoon, dochter en schoondochter. Zo kom je tot vijf directeuren en een bloeiend circusbedrijf.

Circus Herman Renz is het grootste circus van de hele Benelux. Het is niet makkelijk om overeind te blijven, voor geen enkel circus trouwens. Nederland heeft niet zo'n grote circusgeschiedenis als bijvoorbeeld Duitsland, Frankrijk of Italië. Om maar niet te spreken van Rusland en Polen. In die landen was het circus zo ongeveer gelijk aan de hemel. Wie bij het circus werkte woonde in het paradijs. De meeste Russen en Polen waren arm en mochten door de strakke regels van de politiek nergens naartoe. Maar circusmensen werden door de staat betaald en kregen zelfs een paspoort om (onder streng toezicht, dat wel) te kunnen reizen.

Doordat de politieke regels in het oosten van Europa losser zijn geworden, krijgt het circus in die landen minder betekenis. De hemel kun je er nu ook bereiken buiten het circus om. Er valt minder geld te verdienen dus gaan er minder leerlingen naar de beroemde circusscholen toe. De artiesten die er nog zijn komen liever in het Westen werken, in België, Duitsland en Frankrijk. En niet alleen de artiesten, maar ook de tentbouwers, danseressen en de muzikanten. Voor een deel zijn zij het die het circus hier overeind houden. Bij Circus Renz werken er in ieder geval heel wat.

De bouwers hebben veel kennis. Ze weten van tenten, van lassen, van vrachtwagens, van schilderen en vooral ook van hard werken. Ze weten van tevoren dat een snipperdag, een baaldag of een ATV-dag in het circus niet bestaat. Op alle feestdagen zijn ze niet bij hun familie, want juist op die dagen draait het circus op volle toeren. Veel Nederlandse werkers hebben daar geen zin in. Die willen om vijf uur naar huis en met een biertje op de bank naar sport op de televisie kijken. Ze willen beslist geen wielen onder hun huis.

Al die hardwerkende mensen samen, de tentbouwers, de artiesten, de directeuren en de kantoormedewerkers kunnen natuurlijk nog zo hun best doen, als het publiek niet komt omdat ze liever naar een safaripark gaan dan kan je je tent wel voorgoed opbergen. En zodra er minder geld binnenkomt kan er minder reclame worden gemaakt. Er komen goedkopere artiesten in dienst. De tent, ook al is hij versleten, moet dan nog maar een jaartje mee en de wagens krijgen een andere keer wel een likje verf. Al die dingen bij elkaar maken er in de kortste keren een troep van en dat is nu precies wat het circus niet wil zijn en ook niet moet zijn: een uitdragerij van vierdehands spullen, vermoeide mensen en ongepoetste dieren.

Die hele grote circussen, die je vroeger zag, komen daardoor ook bijna niet meer voor. Onbetaalbaar: driehonderd medewerkers, dertig olifanten, twintig beren, honderd paarden en een karavaan van 150 wagens. En trouwens het past niet meer in al die volgebouwde steden en dorpen. Of ze moeten ergens in de weilanden gaan staan tussen Schoondijke en IJzendijke, maar wie komt er dan nog kijken?

Circus Renz heeft sponsors, bedrijven die helpen met geld. Net zoals bij voetbalclubs, maar dan een stuk bescheidener. De paarden hoeven niet met dekjes rond te lopen: *Drink Pickwick thee*. Maar in ruil voor geld speelt het circusorkest als het pauze wordt het reclamedeuntje van Pickwick. En ook hangt er reclame in de piste. Sommige circussen zeggen: daar beginnen wij niet aan. Maar Circus Renz zegt: liever dit dan een kassa die niet rinkelt.

Misschien is het allermoeilijkste voor de circussen van nu niet eens het geld, maar al die regels van de gemeenten. Je mag niet dit en je mag niet dat en je moet zus en je moet zo. Iedereen wordt er gek van. Die regels en vergunningen zouden uiteindelijk wel eens het einde van het circus kunnen betekenen in Nederland. Zo willen steeds minder steden en dorpen bijvoorbeeld een circus in het centrum hebben staan. Dat geeft gedoe en rotzooi en bovendien hebben veel steden en dorpen niet eens plek voor een circus. Ook al zijn die circussen kleiner dan vroeger. Daarom moet het steeds vaker neerstrijken aan de rand, in een buurt waar weinig mensen wonen.

Circus Renz staat daarom de ene keer in het niemandsland op de stenen en de andere keer in een prachtig stadspark tussen de mensen. Maar erg kieskeurig kunnen ze niet zijn, want ze moeten negen maanden vullen. Vijftig plaatsen bezoeken en 350 voorstellingen geven. Inpakken en wegwezen, uitpakken en spelen.

En zodra het seizoen in maart is begonnen, moet de directie alweer aan het programma van het jaar erop denken. Samen bekijken ze de videobanden die artiesten hun toesturen. Soms is de mooie en lenige acrobate van de video in het echt opeens tien jaar ouder en een stuk minder zwierig. Daarom gaan ze vaak naar voorstellingen in andere circussen kijken. En ook bezoeken ze het festival in Monaco, waar ieder jaar in januari een groots circusfestijn wordt gehouden. Daar ontdekken ze jong talent en nooit eerder vertoonde acts.

Renz moet altijd met een nieuw programma komen anders krijgt het publiek van Valkenburg tot Groningen er al gauw genoeg van. Ze verzinnen daarom ieder nieuw seizoen een ander verhaal rondom het programma. Zo zie je het ene jaar Oosterse taferelen en het andere jaar Romeinse. Zo hoor je het ene jaar moderne geluiden en het volgende jaar Latijns-Amerikaanse. Die veranderingen zorgen ervoor dat de mensen blijven komen, en elk jaar denken: wat zou Circus Renz nu weer hebben bedacht?

'Alleen de paarden, roofdieren en olifanten moeten er elk jaar weer bij zijn,' zegt Rob Ronday. Hij is de artistiek directeur. 'Anders is Renz Renz niet meer.' Rob heeft de taak van Anneke overgenomen. Zij was vijfentwintig jaar spreekstalmeesteres en nu doet hij het woord. Als de voor-

Het internationale circusfestival in Monaco wordt al sinds 1976 ieder jaar gehouden. De gastheer is prins Rainier van Monaco. Voor dit festival worden de beste artiesten ter wereld uitgenodigd. De allerbeste acts worden bekroond met een Gouden of Zilveren Clown. De Gouden Clown is de hoogste prijs die je in de circuswereld kunt halen.

stelling begint heet hij alle mensen welkom en hij waarschuwt het publiek op de eerste rijen niet over de pisterand te leunen tijdens het tijgernummer. Verder zegt hij zo min mogelijk. Van tevoren kondigt hij de nummers bijvoorbeeld niet aan. Het moet voor de mensen een verrassing blijven wat er komen gaat. Pas aan het eind van ieder nummer noemt hij de naam van de artiest.

Intussen wordt er achter de schermen (en natuurlijk ook ervoor) keihard gewerkt door de requisiteurs. Dat zijn de jongens die de tijgerkooi afbreken, die met spullen slepen en die de paardenpoep uit het zaagsel scheppen. Het zijn de jongens die de tent opbouwen en die het publiek in een mooi pak naar hun plaats brengen. In de pauze verkopen ze samen met de artiesten snoep en souvenirs. Het kan dus zijn dat je denkt: hé, die ken ik, die zag ik net nog door de lucht vliegen. Niemand in het circus heeft maar één taak en sommige mensen hebben er wel tien. Vooral Rob, want die is niet alleen de artistiek directeur, maar ook de algemene. Hij vliegt van de ene kant van het terrein naar de andere kant. Hij belt, hij regelt en hij wikt en schikt van 's ochtends vroeg tot 's avonds laat.

Alle artiesten staan ruim voor hun optreden klaar achter het gordijn. Twee nummers van tevoren om precies te zijn, want er kan plotseling een act uitvallen waardoor ze vervroegd de piste in moeten. Het publiek mag niet wachten, nooit. En bij Renz zit de vaart er flink in.

Ook de paarden en de olifanten staan twee nummers van tevoren klaar. Buik tegen buik staan ze samengeperst vlak achter de ingang. De requisiteurs, de danseressen, de clowns, iedereen wurmt zich erlangs. Er rollen postamenten onder slurven door en er schuiven goochelattributen achter staarten langs. Het lijkt een heksenketel allemaal. Het borrelt, stoomt en dampt, maar de ingrediënten kloppen precies. Iedere keer weer komt er een spectaculair

Bij Circus Renz mag je gewoon achter de schermen komen kijken. Je kunt vrij over het terrein lopen. Er zijn altijd olifanten, paarden en roofdieren te zien. En als je geluk hebt wordt er in de piste net geoefend met de paarden. Als je rustig gaat zitten heb je onverwacht een kleine privé-voorstelling.

brouwseltje tevoorschijn dat soms wat pittiger is en dan weer wat zoeter of vuriger. Dat maakt het spannend, dat je vooraf nooit precies weet hoe het zal gaan smaken.

Nog voor de laatste voorstelling is gespeeld, is het eerste transport alweer onderweg met de school, het kantoor en de wooncontainers. De voortent is opgeruimd als het publiek naar buiten komt. En wie daarna nog even blijft kijken, ziet hoe de goochelaar zijn zijden handschoenen heeft vervangen door werkhandschoenen. Hoe de jongleur stoelen stapelt. Hoe de olifanten met brood in de wagen worden gelokt. Hoe het drumstel naar beneden vliegt. Hoe de scheerlijnen worden losgehaakt en hoe de wind daarna vat krijgt op het zeil. Hoe de wagen met de tien tijgers brullend het terrein verlaat. Hoe alle gaten in de grond worden gedicht met aarde, stenen of gloeiend hete asfalt. Hoe de laatste papiertjes worden weg geharkt. Hoe er tenslotte alleen nog Pools klinkt over het verlaten circusterrein.

# Register

# Zo kwam het boek tot stand

DEZE BOEKEN HEB IK GEBRUIKT

R. Croft-Cooke & P. Cotes (bewerkt door Frits van Dixhoorn), *Braaf! Bravo! Bravour!* (1977)

J. van Doveren, *De bonte droom van het circus* (1956)

John en Alice Durant, *Pictorial History of the American Circus* (1957)

Linda Granfield, *Circus* (1997)

H.J. Lijsen, *Achter het gordijn* (1949)

Helmuth G. Schramek, *Erklär mir den Zirkus* (1983)

Fred van Sluis, *Circus in Europa* (1966)

EN HET TIJDSCHRIFT

*De Piste*

MET DEZE MENSEN HEB IK GESPROKEN

Omar Aglagal, over de olifanten Caudy, Patra en Boni

Marco Althoff, over pony's, paarden en olifanten

Wichert van Bethlehem, over de circusschool

Norocel en Françoise Borcan-Gossing, over zeeleeuwen

Mo Brak, over circusschool De hoogte

Menno van Dijken, over jongleren

Arthur Hofmeester, over circusvrienden

Michel Jarz, over circustenten en -terreinen

Job en Trudi Lijfering-Martens, over tijgers

Peter van Lindonk, over spreekstalmeesters

Arie Oudenes, over het circus als bedrijf

Rob Ronday, over Circus Herman Renz

Robert Rzeźnik, over circusmuziek

Alex Sijm, over de papierwinkel van het circus

Anneke Steijvers, over Circus Herman Renz

Kelly Steijvers (9 jaar), over het circusleven nu

Milko Steijvers, over 'achter de gordijnen'

Joop Teuteberg, over clowns

Doris Tulp-Althoff, over het circusleven vroeger

Arno van der Valk, over roofdieren

Dik Zweekhorst, over punten en komma's